Human Productivity Technology™

戦略的営業利益 向上 マネジメント

コストをかけずにホワイトカラーの生産性を向上させる

坂本 裕司 著

はじめに

　一つのマネジメントテーマとして「生産性の向上」が再び大きな脚光を浴びてきている。そもそも生産性を向上させる対象は製造現場である、と思っておられる方も多い中で現代におけるその対象は、製造現場はもちろんのことホワイトカラーと呼ばれる方々へ着実に移行していることに気づいておられることだろう。

　では、ホワイトカラーに対する生産性向上運動はこれまで行ってこなかったのか、といえばそうではない。数十年も前から取り組んできているが、製造現場のように経営業績として実益に貢献しているかどうかは未知の世界である。

　IE（industrial engineering）が製造現場に導入され、智慧を出して改善に取り組み、経営業績に大きく寄与してきたことはさまざまな実績として残っている。しかし、改善を繰り返していくうちに、製造現場においては、他社との競争優位性をもたらすことができないくらい改善内容が成熟してきてしまった。そこで、次にターゲットとなったのがホワイトカラーである。

　特に事務系スタッフを主なターゲットとし、OA（office automation）化などの時代の流れにも後押しされて飛躍的に生産性が向上したように見えている。ここで「……したように……」と表現したのは、製造現場のように明確な経営業績が計画的に測定されているかどうか、定かではないからである。例えば、OA化の一つとして高価な機器を購入し複数年で減価償却したといえども、感覚的にサンクコスト（sunk cost）になっていないか、と感じたことがある人もおられるだろう。

　さらに時代は進み、OA、EDP（electric data processing）を超えて、IT（information technology）へ移行する。OA化を「機械化」と表現するならば、

IT化は「ビジネスモデルの革新」といえるだろう。ビジネスモデルが革新されたことによって業務に対する投入時間が大幅に削減され、一方で業務の量をこれまでと同じ投入時間で2倍・3倍と処理できるようになったならば、企業として飛躍的な成長を遂げることが大きく予想された。ここでもOA化同様、システムを新規で導入したが自社がそのシステムのライフサイクルに追いつかず新たなシステムをアドオンしたり再構築したりすることによって、当初に導入したシステムはそもそもなんだったのだろう、と感じたことがある人もおられるだろう。

　しかし、認識しておきたい事実は、実際は日本市場が成長していないことである。特に内需は拡大どころか縮小均衡である。そこで問い直したいのが、OA化でどれほどの生産性が向上したのか。IT化でどれほどの生産性が向上したのか。

　生産性とはアウトプットとインプットの関係であるから、アウトプットを向上させることによって生産性を向上させることは可能である。ここでいうアウトプットとは売上を指しており、この数値は計画的に測定することが難しい。なぜなら、将来が予想できないマクロの変動要因が大きく影響するからである。

　一方で、インプットを低減させることによって生産性を向上させることも可能である。ここでいうインプットとは投入資源を指しており、この数値は計画的に測定することが可能である。なぜなら、将来が予想できないマクロの変動要因が直接影響しないからである。本書ではここを大きく取り上げる。

　さらに、このインプットの対象となるのは、直接部門ではなく、主に間接部門である。管理職（それ以上の職種も含む）や営業などの成果（＝結果）で評価される人材は、言わば、「ゼロか100」の世界で活躍している人たちである。この対象の代表的なポジションが代表取締役社長である。

そんな彼らにはさまざまな数値の管理責任があるが、生産性の分解式で説明するならば、その期待はアウトプットの向上に位置づけられるべきである。だから、成果に対する報酬も極論すると「ゼロか100」である。

しかし、間接部門は「ゼロか100」では管理しない。直接部門をサポートするのが間接部門であるからこそ、「業務量と人員数」はバランスしていないといけない。著者はここにまだまだ大きな機会利益が潜んでいると見ている。

実際、間接部門の低減はこれまでさまざまな形で行われてきた。その代表的な事例が、雇用形態を正社員から契約社員に変更するなどして行ってきたコスト削減である。非正社員は正社員ではないので社会保険などの経費が削減され、経営業績には部分的に寄与してきたかもしれないが、その一方で人材が市場内で自由に流動できることにより、雇用を安定的に継続させることができない。必然的に人材紹介会社への再紹介手数料や、新しく雇用した人材への教育投資、及びその頻度などを考慮すると、トータルで経営業績に寄与しているのかはなはだ疑問である。そこにITという多額な初期投資が上乗せされているなら、なおさら、コストが膨張していることが予想される。

間接部門の業務は、直接部門の業務と比較して直接顧客と接しているわけではないので感動の数は少ないかもしれない。間接部門は直接部門をサポートする立場であり、エンドユーザーに対する喜びの感動の数は少ないが、直接部門を顧客と定義とするならば、その直接部門に対する喜びの感動は、直接部門のエンドユーザーに対する喜びの感動と同じであるべきである。

つまり、間接部門として直接部門に直接影響する業務を洗い出し、もしくは、それらを目的に応じて創りだし（or排除し）、その業務に従業するべき人員を科学的に計画的に管理すれば、間違いなく現在の間接部門の人員以下の人員数で対応できるだけでなく、直接部門に直接影響する業務に

従事しているからこそ、そこに配置された人材のモチベーションは就業時間概念にとらわれることなくこれまで以上に高くなり、結果、退職率も下がる。

　ここまで読まれて、この時代において今さら間接部門の合理化か、と思われた人がおられるかもしれないが、本書は間接部門を合理化することが目的ではなく、成熟した企業のさらなる財務的競争優位性を創り出すことが目的である。そこでターゲットになるのが、機会利益が科学的に測定できる間接部門であり、実際にはまだまだ経営業績に寄与できる余地が含まれていることと、IT化によってその余地が見えなくなってしまっていることを今一度振り返っていただく機会になればと思い、ここに書き下ろした。

　ある社長がこんなフレーズを著者に投げかけてくれた。「これからの時代は全員執行役員制度ですね」。このような姿は「そうありたい」とは思うが、間接業務が削減されることはあっても、決して一切無くなることはない。ただし、間接部門はあくまでもスモール・ガバメントに徹するべきである（参考文献9　稲盛〔2006〕p.130）。

　そのスモール・ガバメントを追及した形として、現代ではBPO（business process outsourcing）も考えられるが、BPOを実施することで持続的競争優位性が生まれるのではなく、BPOを実施する過程に持続的競争優位性が隠れていることを今一度確認しておきたい。間接業務を低コストで外部に委託することによって、また、委託先が間接業務のスペシャリストであるからこそ付加価値まで付いてくるならば、依頼主としてはありがたいようにも思えるが、BPOとは、業務を委託しているのであって業務内容を自社が改善しているのではない、ということである。結局は間接業務の総額人件費コストが自社より委託先の方が低いことから競争優位性が生み出されているように思えるのだが、委託先の人件費が万が一高騰してきた時、間違いなくその業務は自社に戻らざるを得ない。

まずは、自社内で徹底的に実益に繋げるべき改善活動を実行する。次にITの力を借りることによって飛躍的な競争優位性を生み出し、その後、全業務がアウトソースしても提供サービスの質にバラツキがないならば外部に委託する。この順序でBPOを実施するならば、継続的な競争優位性に繋がるだろう。つまり、企業はSCA（sustainable competitive advantage；持続的競争優位性）を追及するべきであって、CA（competitive advantage；競争優位性）だけを短絡的に考えていてはいけない。よって、コストを掛けることを前提（＝投資を前提）に改善を考えるのでは一時的なCAにはなるが、自社にとってのSCAになるかどうかは定かではない。SCAに発展させるためには、自社内で智慧を出して技術化できるところまで徹底的に活動を施しているからこそ、アウトソースするべき業務内容も細かく管理できるのである。智慧を使うだけでコストの持続的競争優位性は実現できることを今一度認識しておきたい。「何でも自前でやった方がいいんです」（参考文献25　土屋〔2008〕p.1）。

　企業は本来、将来の可能性、技術の組織財産化、リスク回避などを考慮するならば、社員をすべて正社員で雇用したいものである。働く側の立場からすれば、雇用形態の自由度が大きい契約社員は選択の余地が広いのでありがたいのだが、企業の立場からすれば、本来は契約社員ではなく、企業と一心同体になってくれる正社員であることを望んでいる。なぜなら、企業は安定的に計画的に継続することが市場から期待されているからである。

　本書では、技術的なことを深く言及することはできなかったが、永遠、かつ、未開の処女地である間接部門の生産性向上が機会利益として顕在化され、それが日本企業の経営業績の一助となることに期待し、個人、及び国家共に元気になってもらいたいと強く願っている。

　また、この出版の機会を与えてくださった産業能率大学出版部・常務取締役の栽原敏郎氏には心から感謝すると同時に、本書の意図を瞬時に理解

してくださった編集部の福岡達士氏にも感謝しております。
　最後に、これからもこれまで以上に職人コンサルタントとして日々粛々と努力していきたい。

　理論と実践の繰り返しから信念は生まれる。

　なお、本書出版に際し、読者賢者からのご叱正を乞う所存である。

2008 年 11 月

東京・市ヶ谷の寓居にて

坂本　裕司
カタナ・パフォーマンス・コンサルティング株式会社　取締役
ISPI（ホワイトカラー生産性向上研究団体　米国本部）日本支部　プレジデント

もくじ

はじめに

序　章　日本企業のこれまでとこれから……………13
1　世界経済の動きと企業経営の実際　14
2　IT化がもたらした生産性向上とは　18

第1章　経営を継続させるために生産性を向上させる………23
1.1　生産性を向上させる目的　24
　　1.1.1　企業ビジョン（vision）24
　　1.1.2　継続経営（going concern）25
　　1.1.3　ミッション（mission）26
　　1.1.4　ゴール（goal）27
　　1.1.5　ストラテジー（strategy）28
　　1.1.6　ファンクション（function）29
　　1.1.7　活動プロセス（process）29
　　1.1.8　具体的行動（activity）30
　　1.1.9　まとめ　31
1.2　経営が継続するためには　32
　　1.2.1　経営とはバランス　32
　　1.2.2　経営には順序がある　32
　　1.2.3　経営に影響する人件費　33
　　1.2.4　総額人件費抑制の動き　34
　　1.2.5　ヒト＜モノ＜カネ　35

1.3　日本企業はここを目指そう　36
1.4　生産性を分解する　39
1.5　効率性 VS 効果性　40
1.6　Pro HPT（Human Productivity Technology）™の定義　41
1.7　Pro HPT の対象　44
1.8　組織の生産性向上は効率性向上から取り組む　47
1.9　効率性を向上させる4つの手段　49
　1.9.1　業務の見直し　49
　1.9.2　業務の処理方法　49
　1.9.3　IT の導入　49
　1.9.4　新技術の独自開発　50
1.10　IE（industrial engineering）から Pro HPT へ　50
1.11　ホワイトカラーとブルーカラーには見解の違いがある　51
1.12　生産性を向上させる3つのパターン　51
1.13　効率性向上の定義　52
1.14　削減 VS 低減　53
1.15　効率性向上により期待される7つの成果　54
　1.15.1　人員の低減　54
　1.15.2　人員配置の計画性向上　55
　1.15.3　管理者のマネジメント力向上　55
　1.15.4　関係者への動機づけ　55
　1.15.5　共通言語の醸成　56
　1.15.6　業務測定技術の社内財産化　57
　1.15.7　IT 化との融合　57

第2章　効率性を向上させるために機会利益を作る……………59
2.1　機会利益の定義　60

2.2 効率性を向上させる　61
　2.2.1 効率性の分解式　61
　2.2.2 プロセスレベル（P；Process）の向上　63
　2.2.3 エフィシエンシーレベル（E；Efficiency）の向上　65
2.3 効率性向上の可能性を探る　65
　2.3.1 効率性向上要因と可能性研究体系　65
　2.3.2 ワークサンプリング　66
　2.3.3 プロセスレベル（P；Process）の分析　88
　2.3.4 エフィシエンシーレベル（E；Efficiency）の分析　93
　2.3.5 IT化の分析　96
　2.3.6 インタビューの実施　99
　2.3.7 管理職実態調査の実施　100
　2.3.8 ワークサンプリング実施日程　103

第3章　事例紹介；機会利益と業務内容 ……………………… 105
3.1 Pro HPT 対象の定義　106
3.2 パレート分析と機会利益　106
3.3 補助機能業務の詳細　109
3.4 経営業績への貢献　113

第4章　機会利益を実益に変える ……………………………… 115
4.1 Pro HPT を実施する8つのステップ　116
　4.1.1 標準化　116
　4.1.2 インプットとアウトプットの定義　120
　4.1.3 BPR-I の設定　121
　4.1.4 詳細設計とブレーンストーミング　122
　4.1.5 改善モデルの具体化　132

4.1.6　実施可能レベルへ調整　134
　　4.1.7　実施日程計画の作成とフォロー　134
　　4.1.8　改善成果実例　135
　4.2　生産性向上推進室の設置　136
　4.3　プロジェクトチームの役割　136
　　4.3.1　チーム編成とリーダーへの期待　136
　　4.3.2　社内の位置づけ　137
　4.4　人材活用委員会　138
　　4.4.1　鉄のカーテン　138
　　4.4.2　企業はなぜ成長できるのか　139
　　4.4.3　雇用の創造　139
　　4.4.4　人材活用目的　140

第5章　生産性向上のために注意する4つのポイント………145
　5.1　工数削減VS人員低減　146
　5.2　効率性が追及される業務に従事しているホワイトカラーの位置づけ　148
　5.3　長時間労働と生産性向上　149
　5.4　プレイング・マネジャーと生産性向上　153

おわりに　157
参考文献　参考サイト　参考テレビ番組　登録商標　161
索　　引　164

序章

日本企業のこれまでとこれから

1　世界経済の動きと企業経営の実際

　世界経済が後退している中で、企業は苦しい経営を強いられている。遂には、原価低減にも限界が生じ、企業は価格転嫁を行い価格の上乗せを行っている。しかし、経済が成長していない中でこのように一斉に価格が上乗せされると、市場の動きが鈍化することは必然的である。

　この発端はサブプライムローンに帰するところが大きい、といわれている。投機的なマネーが原油や穀物に流動した結果、このような価格上昇を招く結果となり、日本国内においても間接的に一般家庭にまで影響を及ぼしていることは、真因を把握していなくとも、国民一人ひとりが日本で生活を送っていれば実感できることであろう。

　企業の本業の儲けを示す営業利益をプラスにするには方法が2つある。まずは頭の中に損益計算書をイメージしてほしい。一つは売上の向上。もう一つは投入資源の削減。たとえ、投入資源が肥大化しても売上が向上するのであるならば営業利益は確保できる。一方で、売上が低下したとしても投入資源を削減できるのであるならば営業利益は確保できる。企業が利益を確保できなくなればどうなるのか。運転資金が確保できなくなることにより必然的に縮小均衡に陥り、結果、企業活動を中止せざるをえない状況に陥ることが予想される。企業会計では、法人の社会的使命は「ゴーイング・コンサーン（going concern）」といわれている。さまざまなステークホルダー（stakeholder）からの期待を背負って企業活動を推進させ、継続しているからこそその期待に応え続けている、といえる。

　価格転嫁とは、損益計算書における「売上の向上」を目指した営業利益の出し方である。しかし、現代社会においてこの方法は最適だろうか。ましてや生活に直結する財やサービスの価格高騰を市場は受け入れ難い。本来、価格が上昇するからには、何かしらの価値が付加されていることが条

件であるが、ご存じのように付加された価値ではなく、むしろ、現在価値を維持したまま価格のみが上昇しているのが実態である。

　現況の価格転嫁において注意を払うポイントは、財やサービスを提供している企業側が「付加価値を考慮して価格に転嫁したのか」、それとも「仕方なく価格に転嫁したのか」。この違いを企業側は市場に対してどう説明責任を果たしているのかが気になる。「せざるを得なくて価格に転嫁した」のでは、現在状況を考慮すると、市場は企業に理解を示すが納得はしない。結果、市場と企業の間に軋轢が生まれ、経済の鈍化を招いてしまう。そして、双方ともに苦しい状況を招いてしまう。

　今、このような市場環境、及び経営環境だからこそ、考えてアイデア（＝智慧）を創出する人材を一人でも多く育成、及び確保することが企業経営には必要不可欠になってきていることも仕事に携わっている人なら肌で感じていることだろう。

　財団法人日本漢字能力検定協会が主催で行っている2007年の世相を表す漢字として「偽」という文字が選ばれた。この言葉が選ばれた経緯を探ってみる。「良いものを安く」、この言葉はダイエー創業者の故中内㓛氏の言葉である。当時のマクロ経済は成長しているからこそ、「作って発売すれば売れる」時代でもあった。つまり、品質はそこそこであっても人間欲として「無いものは欲しい」と思うものである。だから売れる。同時に、家計も年功序列で潤っていく。年々収入が増えるからこそ消費が嵩んでもあまり心配になる必要はない。さらに、成長経済下においては「量」で稼ぐことができる。つまり価格競争が可能な経済環境であった。いずれにせよ、経済が流動するからこそ、企業も潤う。よって、再投資ができる。さらに成長する。

　そして、日本は実態の存在しないバブル経済に突き進むことになる。

　バブルが崩壊した後の日本社会の姿はまだ記憶に新しい。バブル崩壊前の経済成長においては、損益計算書における売上が右肩上がりで向上する

ことによって、営業利益を確保してきた。しかし、バブル崩壊後はその売上が向上しないどころか下降してしまった。つまり経済が流動しない。したがって、企業が継続するためには投入資源を圧縮することしか営業利益を創出するための方法論が見当たらなかった。そんな中、モノづくり大国日本を牽引してきたメーカー各社は、人件費圧縮のためにこぞってアジアへ進出した。特に顕著な進出が見られたのが中国。同じ業務が日本国内よりもアジア諸国の人件費が安いのであるならば、営業利益に大きく寄与するためにアジアへ移転することは必然的であり、結果、営業利益を確保してきた。よって、この難局を打破し企業活動が継続できたのである。

　メーカーの工場移転だけではなく、食料自給率の低い日本は食材も中国に頼っている。流通で販売されている食材、飲料品など、同じ種類でも価格競争できる商品の産地はほぼ中国産である。これも日本企業の営業利益に大きく貢献してきた。

　その中国に変化が生じてきている。一つは信用問題。日本の営業利益に大きく貢献してきてくれた中国に信用が薄れてきている事件が多発している。知的所有権の問題や安全性の問題など列挙すればきりがない。結果、営業利益に多大なる貢献をしてくれた投入資源が中国に頼れなくなってしまったので国内回帰が始まっている。つまり、別の方法で営業利益を創造することが求められてきているのである。

　もう一つが、中国をはじめとする新興国の賃金上昇[*1]である。新興国における労働力は低コストであるからこそ日本企業に競争優位性を生みだしてくれていたが、物価上昇を背景に平均賃金が上昇[*2]している。つまり、日本企業における新興国での生産体制は見直す時期がきている、といえる。

　その結果、総額人件費が過去の状態に戻る、もしくはそれ以上に増大してしまう事態が起こってきている。原材料費が高騰してさらに人件費も高騰してしまうこのような事態を逃れるために、本来は智慧の絞りどころ（＝対策を考える）であるのだが、実際、法人が「アイデアの創造」に手を抜

いてしまった結果が「偽」である。つまり、愚直に努力することから逃げてしまったから、「偽」をつくしか回避策が見当たらなかったのだろう。

昨今の偽装事件を見ておわかりのように、この「偽」の対象になっているのは、損益計算書をフレームワークに考えると、売上ではなく投入資源である。食肉偽装、派遣業者の賃金未精算、食材偽装、耐震偽装、また直接的ではないが、管理職の残業問題なども対象になるだろう。

なぜ、安易に投入資源を粉飾することに手を出してしまうのか。答えは、「社内で計画的に管理できる」からである。売上管理は外部要因とのかかわりがあるので自らの意志通りには進捗しない可能性が高いが、経費管理は100％社内で計画的に実行できる。

このように観てみると、日本経済はすでに成熟しており、これからさらに成長するためには組織としてコストが筋肉質に管理できていることを前提に売上を創造する「知識労働従事者」の存在がますますクローズアップされてくることが予想される。ここで「組織としてコストが筋肉質に管理できている」と書いたことに気づいてほしい。これまでの日本は徹底的なブルーカラーのコスト管理で企業の競争優位性、つまり、営業利益に大きく貢献してきたが、これからはブルーカラーのコスト管理を前提に「ホワイトカラーのコスト管理を絶対条件」とした上で、売上向上に貢献できる「知識労働従事者」を多く輩出することに経営をシフトさせていかないと、遅かれ早かれ企業経営は淘汰される。たとえば、企業のM&A、また社内の販社統合などの結果、安易にコストメーカー（cost maker）の人材が本社へ流れていては本末転倒である。一時的にコストメーカーであっても、計画的にプロフィットクリエーター（profit creator）に転換ができないならば、これは問題と定義すべきである。売上が拡大していないにもかかわらず過去と比較して人材の数が一定、もしくは増加することは論理矛盾である。イオンは今後国内売上以上に海外売上を高めることを発表している[*3]。たとえば、イオンにおいては日本国内における雇用者数は良くても

維持、増加させる可能性は低いのではないか、と仮説を持つ方が正しいだろう。

　先進国である日本の市場で活躍する現在の経営者に求められていることは、すべての人材を「知識労働従事者として活用するにはどうすればいいのか」を考えること。そして、知識労働従事者として活用できる環境と人材を創ることを推進することである。

　一方で、現在の我々一人ひとりに求められていることは、「what our country can do for you, but what you can do for our country（J, F, ケネディ；アメリカ第35代大統領）」があてはまるのではないだろうか。将来が約束できない今だからこそ、社会（or 業界・会社）が自分に何かをしてくれるのではなく、自分が社会（or 業界・会社）のために何ができるのかを考えることが求められているのではないだろうか。必然的に自分の存在感は見てくるものである。

　過去を起点にしたリニア（linear）な発想では継続経営できない状況であることに気づいて、そして緊張感の伴った行動に変換するべきである。

2　IT化がもたらした生産性向上とは

　元トリンプ・インターナショナル・ジャパン株式会社の代表取締役社長吉越浩一郎氏の言葉を引用する。

　「（中略）だから顧客側の企業は、導入されたシステムを使い始めてから使い勝手の悪さに気づくのだが、コンピューター会社が置いていったシステムはブラックボックス（中身がわからない）だから、自分たちで使いやすいようにカスタマイズすることができない。

　そこでコンピューター会社にシステムの変更を依頼すると、ほんの一部分の修正でも何千万もの請求書が来たりする。そのため、ちょっとした不都合は我慢して使わざるを得ない。せっかく莫大な投資をしてコンピュー

ター化を進めたのに、十分な生産性向上につながっていないのである。

　そんなことになってしまうのは、コンピューター会社のほうもいけないと思うが、それ以上にちゃんと勉強していない経営者の側が悪い。(中略)私が入社したときに120人いた正社員は、退社したときには70人にまで減っている。」(参考文献30　吉越〔2007b〕p.185)。

　また、「数十億円単位の金を投じてERPシステムを導入したが、どうも持て余し気味のようだ」「生産管理システムをリニューアルしたが、かえって効率が下がってしまった」「KPIに注力するためにビジネス・インテリジェンス・ソフトを新たに追加したが、思うような成果が上がらない」「社内デジタル・ネットワーク化を推し進めたが、社員の行動にあまり変化は見られない」など、IT投資が生産性向上につながらないという事例を指摘する声も少なくない(参考文献8　平野〔2008〕p.46)。

　すでに前述しているが、OA (office automation) 化とIT (information technology) 化の定義を確認しておきたい。ニューファクトリー開発協会(参考サイト3)によると、OA化とは、一般的には事務部門においてパソコン・多機能電話などの電子機器を使って、事務作業の効率化や生産性向上を目指すための各種の取り組みを言い、IT化とは、情報技術やインターネット・関連機器などを駆使してOAが対象としていた事務部門だけでなく、経営やFA分野など、広範囲の分野の効率化を目的とした各種の取り組みを言う。

　現代においては、OA化することによる企業の競争優位性を創造することはほぼ不可能である。上記の定義にあるように、電卓がパソコンへ、複写業務がコピー機へなど、あらゆるアナログ業務がデジタル業務へと転換されて一人当たりのその業務に対する投入時間は大幅に削減された。これを効率化の向上という。その後、各々の業務同士を結ぶこと(＝IT化)により経営全体を包含できるようになり、OA化以上の業務効率が図られた。

しかし、どのような形で企業業績に寄与しているのだろうか。各企業がITを導入する目的は何だったのか。一方でシステム会社がITを各企業に導入する目的は何だったのか。吉越氏の言葉の意図がここにある。実際は、費用対効果の測定ができていないのではないだろうか。NRIの調査では、「IT投資効果事後評価の仕組みを十分に確立している企業は、全体のうちわずか10％程度」と発表されている（参考サイト6 @IT情報マネジメント）。また、システム開発の費用対効果の検証は情報サービス産業協会（JISA）においても現在主な課題として取り上げられている（参考文献6 浜口〔2008〕p.22）。ここで取り上げているシステムとは、売上に貢献するべくITシステムではなく、投入資源削減に貢献するべくITシステムを指している。したがって、投入資源削減に計画的に貢献できるのであるならば、組織の生産性向上指数が測定されるべきである。前者のITシステムとはBI（business intelligence）・Analyticsなどの情報系システムであり、後者のITシステムとはERP（enterprise resource planning）などの基幹系システム（事業支援系システムも含む）が該当するだろう。

削減というくらいであるから何かが削られているのである。これらを踏まえて著者はIT化の定義を「ビジネスモデルの革新」としている。つまり、顧客のビジネスをよく理解した上で、そのビジネスを革新させるために、成果の定義に基づいてゼロベースでビジネスプロセスをオリジナルでデザインし、目的に応じて改善を徹底し、その集大成とするべく簡素化の一助としてIT化することによって、顧客の組織生産性向上に大きく貢献できる機会利益が生みだされる。ここにIT化する価値があるのだろうと仮説を持っている。

つまり、期待される成果が定義されているならば、プロセスを削減することが目的ではなく、結果的にデザインしたプロセスと現状プロセスを比較すると何かが削減されているだけであり、したがって、大幅に効率性が向上しているはずである。

上記のように考えると顧客側もシステム会社側もITシステムを導入することが目的ではなく、顧客の顧客（例；エンドユーザー）の期待に応え続けるべく、企業の競争優位性を創造するためにITシステムをツールとして活用するだけである。

　企業の競争優位性を創造するためには、売上向上（対象；個人の効果性向上）を図るか、投入資源削減（対象；組織の効率性向上）を図るか、どちらかの対応が迫られる。BI（business intelligence）・Analyticsなどの情報系システムは売上向上に貢献し、ERP（enterprise resource planning）などの基幹系システムは投入資源削減に貢献できる。したがって、BI（business intelligence）・Analyticsなどの情報系システムは、実効性のある経済成果として数値に置き換えにくいものであるが、ERP（enterprise resource planning）などの基幹系システムは、実効性のある経済成果として数値に置き換えられるものである。だから、測定対象が異なる。前者は先行指標としての「成果の質」を測定し、後者は「機会利益」を測定する。

　組織の効率性と個人の効果性はバランスよく推し進めていく必要があり、本書では組織の効率性向上に焦点を絞って解説されている。

［序章の注］
＊1　日本経済新聞　2008年6月5日（企業コスト高にあえぐ　原料高・人件費重荷に）
＊2　日本経済新聞　2008年8月17日（中国産の輸入物価　上昇）
＊3　日本経済新聞　2008年4月18日（イオン　国内拡大路線を修正）

第1章
経営を継続させるために生産性を向上させる

1.1　生産性を向上させる目的

21世紀の企業経営において生産性を向上させる目的とは何か。ビッグピクチャーに沿って説明してみよう（図表1-1参照）。

1.1.1　企業ビジョン（vision）

ここ数年で、「ビジョン」という言葉は一般的に使われるようになった。「企業ビジョン」という使い方もあれば、「キャリアビジョン」という使い方もある。いずれにしても、ビジョンとは「遠い将来に向かったあるべき姿；肯定的未来図」と定義できる。さらに、このビジョンには「正しいビ

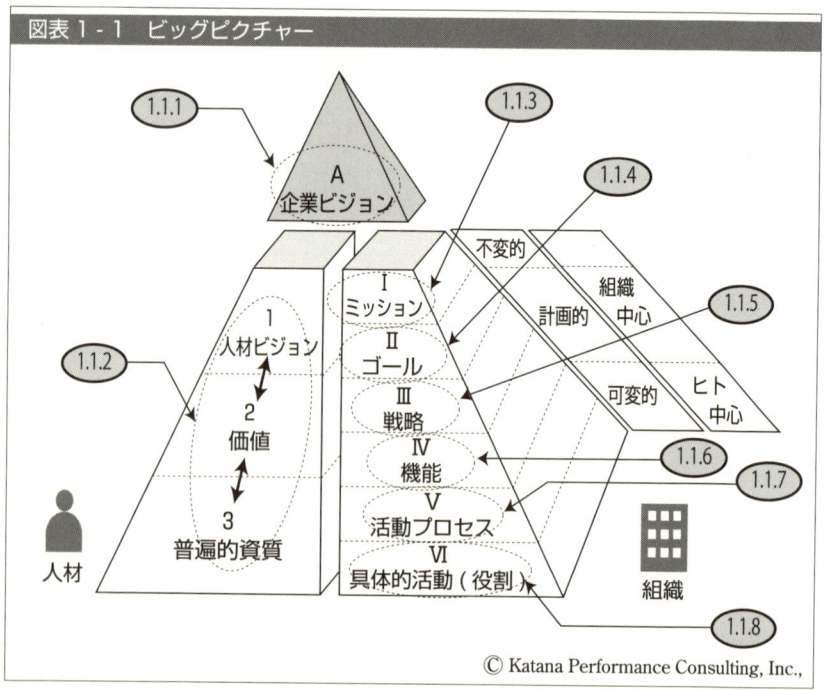

図表1-1　ビッグピクチャー

ジョン」や「間違ったビジョン」というものはなく、むしろ、定義したビジョンに「価値観を感じられるかどうか」の方が重要である。ちなみに、価値観とは、「大切にしたい、モノ・コト」と定義する。

　昨今、この「ビジョン」という表現が多く使われてきた理由は社会的背景を観れば理解が早い。そもそも、成長の時代をかけ抜けてきた日本企業には、「三種の神器」が存在していた。その内容とは、次のものである。

　（ア）終身雇用
　（イ）企業内組合
　（ウ）年功序列

　ベア（base up）が上昇するのは、そもそも三種の神器が存在しているからであり、むしろ、従業員が会社側に交渉を持ちかけない限り生涯賃金がアップしない、と考えても言い過ぎではないだろう。

　しかし、この神器が崩壊してきている今、生きていくために労働の対価を提供してくれる会社が終身雇用を約束しなくなった。つまり、自分の将来は自分で創ることが求められている。同様に、会社も個人と同じ立場であり、まだ見えぬ将来に向けたあるべき姿を定性的に表現したものが、「ビジョン」である。それらは、会社にとっては「企業ビジョン」であり、個人にとっては「キャリアビジョン」といえる。

1.1.2　継続経営（going concern）

　ここでCSR的な議論を進めていこう。法の下において人格者であると認められている法人（＝会社）は、自然界に生きている我々（＝以下、自然人という）と同じように生き続けなければならない。つまり、生き続けることに価値がある。これを企業会計では「ゴーイング・コンサーン（going concern）」と言う。この言葉はこれまで一般社会では馴染みの薄い言葉であったが、昨今の企業の不祥事を反映してか、この言葉を意識して活用する法人が増加してきているようにも思える。

では、法人が継続経営を進めていくためにどんな心がけが必要なのか、法人としてどんな行動が必要なのか、ビジョン同様ここにも正しい答えはない。むしろ、自然人である我々の「仕事観、社会観、家族観、経済観、姿勢観」と、法人が持っている「仕事観、社会観、家族観、経済観、姿勢観」を比較して、相互に協力しながら創っていく（＝質を向上させていく）しかない。この5つの「観」を総合的に人材ビジョンとして表現している法人も数多く存在している。

上記のような考え方を定性的に表現したフレーズは、法人にはすでに顕在しているものである。たとえば、「企業価値（＝ corporate value）」や「行動規範（＝普遍的資質）」など。しかし、これらの内容を、自然人を含めた法人が「全うした」と証明責任を果たすためには、何をどう表現すればよいのだろうか。つまり、これらの内容を徹底した結果、何につながるのか、を理解しておかないと、法人で活動する自然人が「主体的に行動する」ことにはつながらない。では、何につながる（or つなげる）のだろうか。

1.1.3　ミッション（mission）

日本語に翻訳すると「使命」となる。使命とは「果たさなければならない用」と理解できる。

では、誰のために何を果たすのか、主語を法人として周りを観察すると一般的には「5つの利害関係者（以下、ステークホルダーという）」が存在している。「社会、株主、従業員、取引先、そして顧客（順不同）」。つまり、これらのステークホルダーに対して、「法人として果たさなければならない用」として表現したものが、ミッションである。

ここで「継続経営」の話とリンクして議論してみよう。下記のようなパターンを考えてほしい。

（ア）私は、法人の「5つの観」は特に意識しませんが、必ずステーク

ホルダーのミッションは果たします。

(イ) 私は、法人の「5つの観」を意識しながら、必ずステークホルダーのミッションを果たします。

あなたが経営者なら、どちらの人材が果たすミッションに価値観を感じられるだろうか。もしくは、あなたがステークホルダーなら、どちらの人材が果たすミッションに期待したいか。

答えは言うまでもない。つまり、法人を含めた自然人にはバランスが必要である、ということを理解しておきたい。

「5つの観」がこの「ミッション」につながる過程は見えてきた。では、どのくらいの努力の程度を伴って、この「5つの観」が「ミッション」につながるといえるのだろうか。

1.1.4　ゴール（goal）

確かに、ミッション内容は「表題」であるので、理解はできるが何をもってミッションを全うしたのか、説明が難しい。だから、目標数字が存在する。たとえば、「私は一生懸命売りました」という表現と、「私は、対前年比119％、対目標比112％達成率を伴って一生懸命売りました」と表現すると、あなたはどちらの表現に「信憑性」を感じるだろうか。

答えは言うまでもなく、後者である。つまり、努力の度合いとは「定量表現」を伴わない限り見えにくいものである。したがって、法人は常に目標数字を設定する。

しかし、この目標数字がある人にとっては「挑戦的」であり、ある人によっては「理不尽」な数字と捉えられていることがある。これは価値観の問題だからどちらの表現も正しくもなく、また、間違いでもない。ただし、法人は拡大再生産を目指すものであるからこそ、今年は昨年以上、来年は今年以上、再来年は来年以上、と想定するものである。

社会環境を考慮してこのゴールは構造的に客観的に決定していくのだが、重要なことは「できる数字」ではなく、「挑戦する数字」であることが望ましい。なぜか。挑戦する数字でないと、自然人は「悩まない（＝考えない）」からである。悩まない法人に成長は期待できない。

ただし、これらのゴール内容はミッションに対して貢献した「あるべきゴール」と理解していただけると法人としては経営がスムーズに進む。一方で、経営をスムーズに推し進めていくために、法人は常に「定性表現と定量表現はセットで語る」ことも意識しておくべきであろう。

1.1.5　ストラテジー（strategy）

この「貢献するべくあるべきゴール」を現実的なモノするには、どうしたらいいのか。放っておいてもゴールは達成できない。深く、深く考えない限り、対策は見えない。

つまり、これらのゴールを現実的なモノにするために、ストラテジー（以下、戦略という）が存在する。戦略とは「方向付けと資源配分」と定義する。

1人の自然人が創造できる仕事量を「1」としよう。個人商店であるならば、特に異論はないが、たとえば自然人が集合した法人において、100人の自然人が集まった法人が創造できる仕事量が「100」であった場合、これは、戦略としては失敗と言わざるをえない。

相乗効果を期待するべく、進むべき方向性とそこへの集中資源配分によって、たとえば、100人の自然人が集まった法人が創造できる仕事量を「200」になるように、「機会、脅威、強み、弱み（＝K-SWOT®）」を、組み合わせながら科学していくのがこの戦略である。K-SWOT®の概念は、『事業計画立案のための実践プロセス　K-SWOT®』（宮川〔2008〕）に譲る。

特に現在は成熟の時代である。多岐に渡る事業を展開することによって、ミッションを全うできない（＝ゴールを全うできない）状況に陥ることは容易に考えられる。

第 1 章 経営を継続させるために生産性を向上させる

東芝が、「HD DVD 事業から撤退（2007 年 2 月末現在）」したのは、このフレームワークに沿って解説すると、ミッションを裏切る形に進みかねない、と法人のトップが判断したからであろう。

1.1.6 ファンクション（function）

戦略が定義されたならば、どのファンクション（＝以下、組織機能という）がどのような動きをすれば良いのか、がみえる。

各々の組織機能は、戦略の遂行、もしくはゴールへの到達を目標にした動きが期待されているのであって、決して、昨年と同様、もしくは昨年以上のことを期待されているのではない。重要な発想としては、組織機能は「戦略からブレークダウンされた動き」であって、「昨年を踏襲した動き」ではない、ということ。よって、結果的に昨年以上のことが達成できているはずである。

たとえば、「……工場閉鎖」という新聞記事を見られた方もおられるだろう。これは戦略上、もしくは、期待される数値（＝ゴール）を考慮した上で、さらに、そのゴールにつながるミッションを考慮した上で決断された内容であり、決して、「……工場を閉鎖することが目的」ではない。

このように、組織機能、及び組織機能に期待される内容は戦略の策定にしたがって、計画的に「デザイン」されるものである。

また、成熟の時代を生き抜く我々に限っては、昨年と同様の行動を粛々と行っていても成長が期待できない。つまり、組織機能、及び組織機能に期待される内容が「デザイン」されないと、「個人」がどのような行動を行うことが競争優位につながるのか、を考えることができない。つまり、組織機能の下に位置づく「活動プロセス（＝対象は個人）」につながらない。

1.1.7 活動プロセス（process）

組織機能の定義がなされると、個人の活動プロセスが見えてくる。組織

機能として、「どんな成果をいつまでに」とブレークダウンされているからこそ、個人別の役割が見えてくる。

役割とは、「期待される行動様式」と定義する。決して「できる行動内容」ではない。ゴールや戦略、及組織機能は、その都度計画されているからこそ、個人に期待される役割もその都度変化（or向上）するものである。ゴールとは、「できる数字」ではなく、「挑戦する数字」であろうから、個人各々の役割は必ず「期待されている内容」であるべきである。

そんな期待されている内容を全うした、といえる「成果」が定義されて始めて、プロセスが見える。プロセスをマネジメントする必要性があるのは、成果を創出するためであり、成果が見えないままではプロセスをマネジメントできない。世間で「プロセスマネジメント」と言われる所以はここにある。

1.1.8　具体的行動（activity）

ミッションが全うできているかどうか、ゴールにコミットメントできているかどうか、戦略を遂行しているかどうか、組織機能が遂行しているかどうか、活動プロセスが進捗しているかどうか、の答えは、すべて現場での「具体的な活動」に行き着く。

具体的活動の上流に位置する戦略やゴール、そしてミッションは、すべて「表題、もしくは計画」であって、これらに達成感はなかなかイメージし難い。しかし、具体的な活動（＝動き）は、見えるからこそ実現可能性を感じる。

ここで、マネジメント対象が現場での個人の「行動、及びその行動が創出するであろう成果」になることが理解できたのではないだろうか。

世の中には、「ビジョンマネジメント」「バリューマネジメント」「ミッションマネジメント」もしくは「戦略マネジメント」と表現されて活用されているが、経営コンサルタントを職にしている著者には、全くマネジメント

できるイメージが湧かない。

答えは現場にしかない。

ただ、「ビジョンマネジメント」「バリューマネジメント」「ミッションマネジメント」もしくは「戦略マネジメント」などの概念が存在しないと、目的や目標が明確にならないため、現場での行動のマネジメントは行えないことは理解しておきたい。

1.1.9 まとめ

法人が自然人と一緒になって、構造的に組織を構成していることは理解していただいたであろうが、この時点ではまだ「継続できる（＝生き続ける）」とは言い切れない。法人を継続させるために熟考する概念が「生産性」である。

法人が、ステークホルダーに対するミッションを全うするためには、売上（図表1-2の「アウトプット」）の向上と投入資源（図表1-2の「インプット」）の低減はバランスよく考慮する必要がある。経営には、「増収増益、増収減益、減収増益、減収減益」のパターンが考えられるが、ミッションを全うしたあるべき結果とは、「増収増益」であることは容易に想像できる。

現在、生産性向上の議論が世間では取り上げられているが、決して、生産性を向上することが目的ではなく、「ステークホルダーと共に経営を健全に進めていくことを目的」に、生産性を向上させることを理解しておきたい。

このように構造的に理解していくと、業務各々に対する価値が見えてく

図表1-2　生産性

$$生産性 = \frac{アウトプット}{インプット}$$

るものである。現状を革新していく行動や、業務のムダを取り除いていく行動に主体性を期待し、一人ひとりが組織を構造的に理解することが大前提になる。必然的に、生産性が向上する。

1.2 経営が継続するためには

1.2.1 経営とはバランス

法人を継続させる目的は何か。さらに、自然人として生きる（＝継続）目的は何か。それはステークホルダーと共に社会に貢献（共生）し続けるためであることを一つの目的とすることは間違いではないだろう。

仕事の「仕」は、「奉仕」の「仕」と書く。したがって、世の中に感謝されない仕事はなく、自然人とは仕事を通じて成長できるものである。

ただ、法人として継続するためには、生産性の概念を踏襲する限り、「売上の向上と投入資源の低減」をバランスよく経営していくことが期待されている。

この「バランス」の比率は世間一般において定義されていないから正しい答えはここでは言えないが、ミッションを全うした結果として、「増収増益」となっていたならば、バランスは保たれている、と理解しても良いだろう。

1.2.2 経営には順序がある

増収増益であることが一般的に経営のバランスとして望ましいことは理解に容易いが、重要なことは、増収増益を考える上で、守るべき順序がある。
①インプットの低減
②アウトプットの増大

なぜこの順番で考えるのか（図表1-3参照）。インプットの低減は「計

図表1-3 増収増益を考える上で守るべき順序

$$生産性 = \frac{アウトプット}{インプット}$$ → 増収増益を考える上で守るべき順序

画的に達成できる」が、アウトプットの向上は「計画的に達成できる可能性が100％とはいえない」からである。

今期100億売上目標があるが、必ず1年後に100億達成できることを現時点で約束できるだろうか。一方で、今期投入資源を10億低減することを現時点で約束できるだろうか。後者は計画的管理可能だが、前者は外部要因が影響するので計画的管理できる可能性は100％とはいえない。つまり、「不確実性の高い」ところで勝負しては継続が見えない。まずは、確実性の高いところから対策を作ることである。

売上が増えても、智慧を絞って努力すれば、投入資源を増やさない、あるいは減らすことさえ可能である。あらゆる創意工夫によって売上を増やす一方で、つねに経費を徹底して切り詰めていくことが経営の原則である（参考文献9　稲盛〔2006〕p.130）。

1.2.3　経営に影響する人件費

法人を継続させていくために、調達した資金を優良資産に変え、その優良資産を運用して売上を創出していく。

売上を創出していくためには自社だけでなく、さまざまな企業との取引や従業員への対価の支払い、また納税の義務、さらには株主へのリターンなど、すべての項目を考慮して最終的に利益を捻出しなければならない。

企業経営の利益指標として本業の儲けである「営業利益」を重視するならば、利益を導くために多大なる人件費が発生していることを無視する経営者はいない（図表1-4参照）。

図表1-4　損益計算書における人件費

損益計算書	
売　上	8,000
売上原価	6,000
売上総利益	2,000
販管費	1,500
営業利益	500
営業外収益	30
営業外費用	－40
経常利益	490
特別利益	200
特別損失	－400
税引前当期利益	290
法人税及び住民税	120
法人税等調整額	10
当期純利益	160
前期繰越利益	10
当期末処分利益	170

（売上原価・販管費から矢印）→ 従業員

　人は資産である。設備も資産である。重要なことは、経営者が、従業員を優良資産として売上創出のために貢献させているか、社員は自らを優良資産と位置付け、売上創出のために貢献しているか、である。一度発生した固定費はなかなか下がらないため、固定費を増加させる設備投資や増員はくれぐれも慎重に行うべきである（参考文献9　稲盛〔2006〕p.130）。

　補足までに、経営者の最大の仕事とは、「雇用を新たに創出すること」を付記しておく。

1.2.4　総額人件費抑制の動き

　製造の外注化と雇用の非正規化によって、安い労働力を手に入れたから日本の景気は支えられてきたのである。しかし、これからの経済成長を期待した上で、今後、労働者の賃金が上昇する可能性はあるのか、という問いに対しては、「難しい」と言わざるをえない。日本景気以上に世界景気

図表 1-5　正規・非正規労働者数の推移

（正規労働者　左目盛り／非正規労働者　右目盛り）

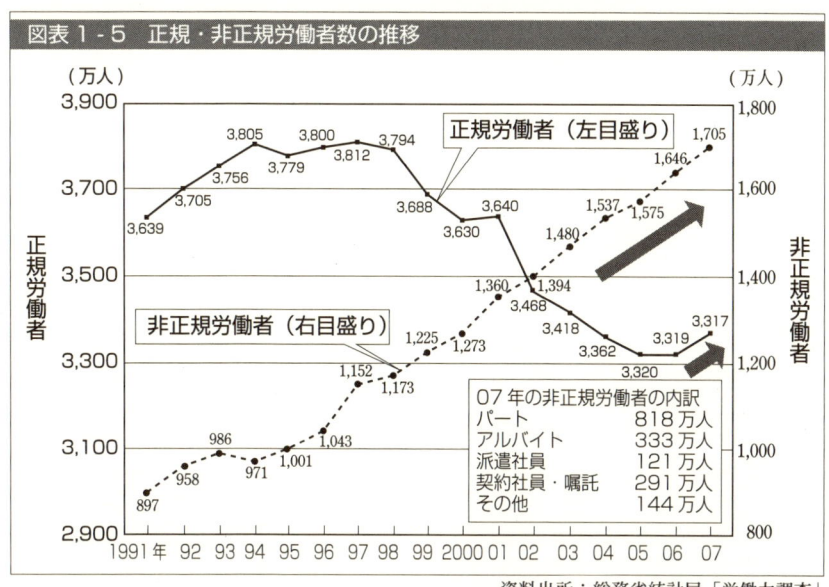

07年の非正規労働者の内訳
パート　　　　　818万人
アルバイト　　　333万人
派遣社員　　　　121万人
契約社員・嘱託　291万人
その他　　　　　144万人

資料出所：総務省統計局「労働力調査」
出典：『労働時報』第3725号（2008.5.9）一部加筆。

は原油高・穀物高の影響などで低下する可能性が高い。「これから二、三年は人件費を中心にコスト削減に動く企業が出てくるだろう」（参考文献18　小笹〔2008〕）と言われているように、必然的に日本企業は「経費削減」に追い込まれることが予想される。仮に、賃金を上昇させたとしても、昨今のマクドナルド価格改訂にみられるように価格転嫁することによって物価上昇し、実質賃金は上がらない。

　正規労働者数の増加と共に、非正規労働者数が安定的に増加している（図表1-5参照）。21世紀の企業経営は「総額人件費抑制」を視野に入れざるを得ないことが予想される。

1.2.5　ヒト＜モノ＜カネ

　この8年間で、株主に対する配当、及び企業の設備投資（2006年頃〜）は増加しているにもかかわらず、人件費の推移が変化していない（図表1

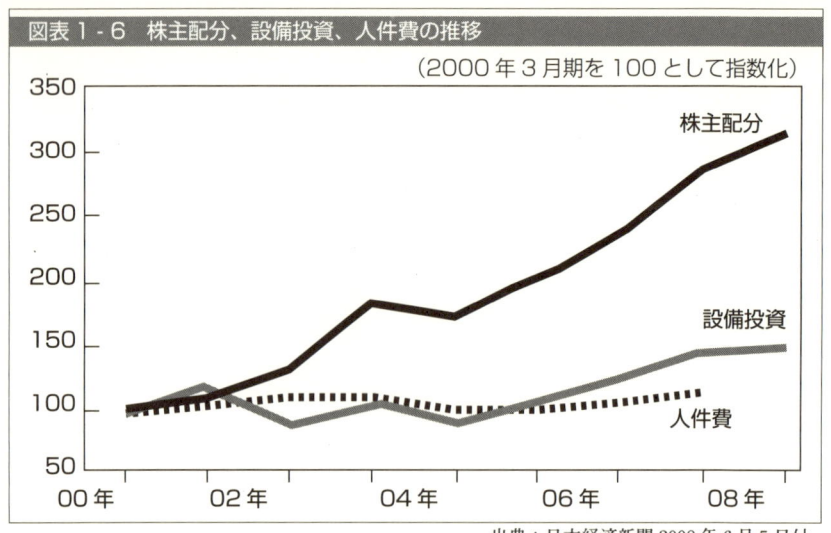

図表1-6 株主配分、設備投資、人件費の推移

（2000年3月期を100として指数化）

出典：日本経済新聞2008年6月5日付。

-6参照）。

　確かにバブル崩壊後、企業は稼いだ現金を株主配分に回してきた。これは、市場で売買されている株を自社で買い取ったことが大きな要因となっている。ここで考えられる仮説が、「ヒトよりも、モノよりも、カネの優先順位が高くなってしまったのか」という仮説である。

　現在、原油・穀物の原価高騰や、価格転嫁における市場からの厳しい声を受けて企業活動を進めている日本の企業は、ますますしわ寄せが「ヒト」に移行することが予想される。

1.3　日本企業はここを目指そう

　これらの実情を踏まえ、これからの日本企業が国際競争力を維持・向上させるにはどの象限で勝負する必要があるのかを探ってみたい。

　もの作り大国であった日本が、最初にメスを入れたのは図表1-7の「第

第1章　経営を継続させるために生産性を向上させる

図表1-7　国際競争力を維持・向上させるためにはどの象限で勝負するか

```
                    絶対的優位
                       ↑
    第2象限          生    第1象限
                    産
    ┌──────┐      性    ┌──────┐
    │  IE  │      成    │ ？？？ │
    │(Industrial│  果    │      │
    │Engineering)│      └──────┘
    └──────┘
ブルーカラー ─────────┼─────────→ ホワイトカラー

                          ┌──────┐
                          │ ？？？ │
                          └──────┘
    第3象限                第4象限
                       ↓
                    相対的優位
```

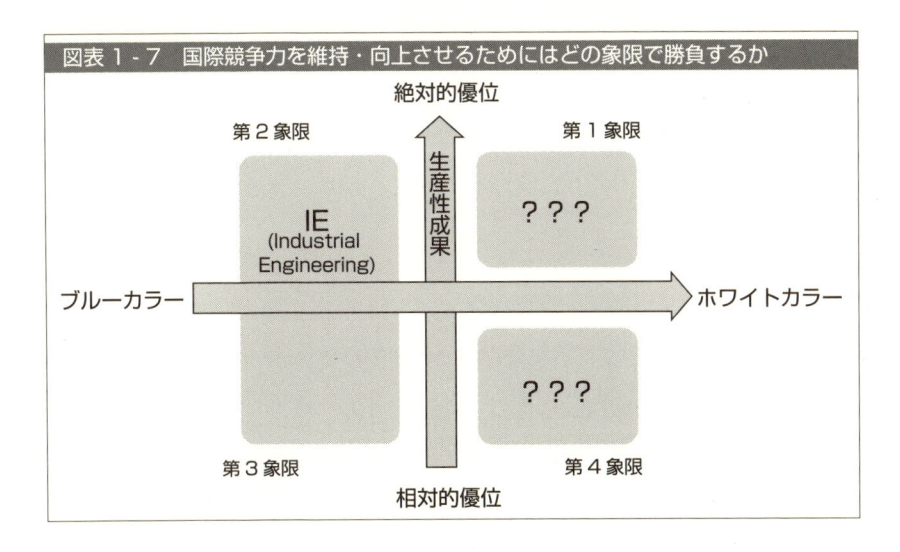

3象限」である。量を効率的にするにはどうするのか、という問題に対して、IEやVEのマネジメント技法を活用して能率を向上させてきたことは記憶に新しい（図表1-7参照）。

さらに、量を効率化することによって見えてきた課題は、成果に対する質の追及（＝効果の追求）である。そこは、徹底的な改善技法によって磨かれてきた。ここで重要なことは、第2象限と第3象限における仕事とは「物的生産物に対する効率性と効果性の向上であった」ということである。ちなみに、トヨタが筋肉質の工場経営と協豊会の協力の下でEOS（economy of scale＝規模の経済）を追求した結果、営業利益額は世界一になったが、決してROI（return on investment）や営業利益率ではトップになれていない理由は何であろうか。答えは「ホワイトカラーの生産性」にあるのではないだろうか。

日本企業が国際競争力を維持・向上させてきたのは、筋肉質経営を行ってきた製造現場にある。一方で、本社のホワイトカラーはこれまでどんぶり勘定であったことも事実である。そこで次にターゲットとなるのが、維

持・管理型業務がメインを占める第4象限である。ここはERP（enterprise resource planning）などの基幹系システム導入により、粛々と効率化が進められているだけでなく、成熟してきていることも事実である。しかし、企業の営業利益に計画通りに貢献したかどうかは、後述する。

　これからの日本企業が国際競争力を維持・向上させていくには、第1象限に焦点を当てたマネジメントができるかどうか……である。将来を「自ら熟考」し、「創り」、そして「提案していくアイデア」などが期待される業務といえる。「第1象限に従事できる（＝将来を語ることができる）経営者感覚を持った人材」がどれだけ社内に存在しているかがキーとなることは言うまでもない。

　しかし、前述しているように、意識的に市場を成長させていくことはこれからもこれまで以上に追及することを前提に、時代が再び「効率化のさらなる追求」を求めてきているのである。

　バブル崩壊後、日本企業は効果性の向上以上に効率性の向上を徹底し、強固な財務体質を再構築してきた。その努力が実って、現在は少々の特別

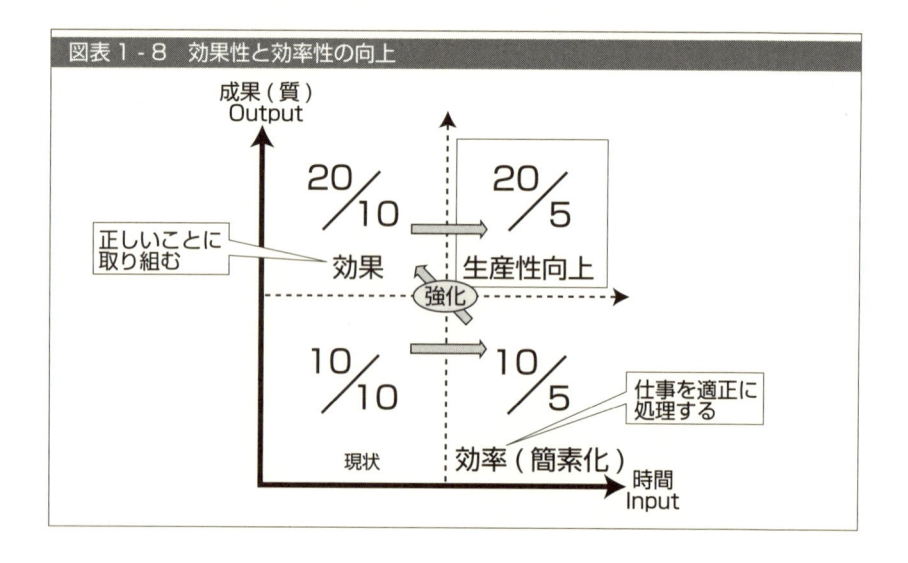

図表1-8　効果性と効率性の向上

損失を計上しても企業経営が揺るぐことは決してない。そして、成長のステージに入ろうとしている矢先に世界経済の低迷に巻き込まれることになってしまった。

21世紀においては、効果性の向上と効率性の向上の同時達成こそが企業の競争優位性を創造してくれるものと思われる（図表1-8参照）。

1.4　生産性を分解する

具体的に、社内に存在している業務の内容、及び、その対象レベルを図解してみよう（図表1-9参照）。業務を二つに分別すると、効果性を追求する業務、及び、効率性を追求する業務に分別される。効果性の向上を期待される業務を多く抱えている対象は、経営者レベル、及び、経営者レベルと同等の認識を期待されている管理職（一部成果主義評価対象者も含まれる）の個人に属し、効率性の向上を期待されている業務を多く抱えてい

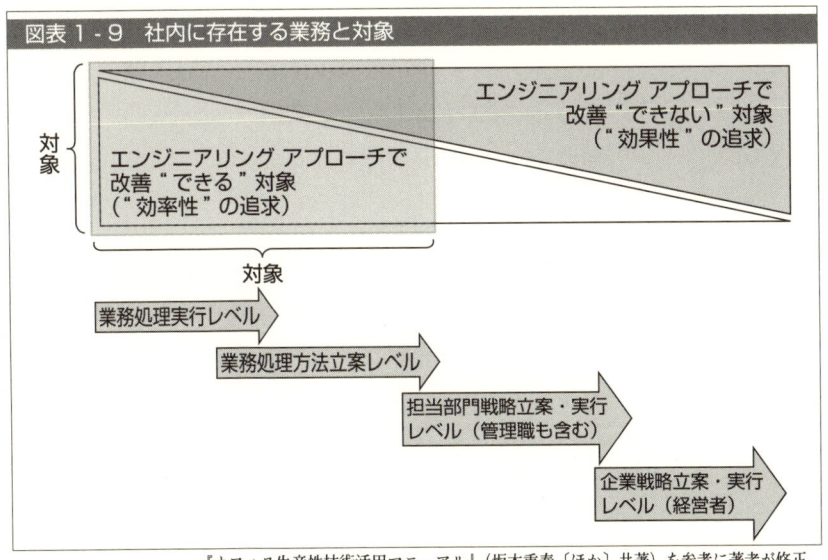

図表1-9　社内に存在する業務と対象

対象
- エンジニアリング アプローチで改善"できる"対象（"効率性"の追求）
- エンジニアリング アプローチで改善"できない"対象（"効果性"の追求）

対象
- 業務処理実行レベル
- 業務処理方法立案レベル
- 担当部門戦略立案・実行レベル（管理職も含む）
- 企業戦略立案・実行レベル（経営者）

『オフィス生産性技術活用マニュアル』（坂本重泰〔ほか〕共著）を参考に著者が修正。

る対象は、各々の組織機能に属している。生産性を向上させるためには、個人の効果性を向上させることと、組織の効率性を向上させることを同時に推し進めていかなければならない。

1.5 効率性 VS 効果性

効率性と効果性を定量的に図解してみよう（図表1‐8参照）。効率性を向上させても、効果性を向上させても生産性は向上しているといえる。言い換えると、アウトプット一定でインプットを低減しても、インプット一定でアウトプットを向上しても、どちらであっても生産性は向上していることになる。

さらに、計画的科学管理が可能かどうかを検証するために、アウトプットを売上、インプットを投入資源と表現を変える。外的要因の影響を受け

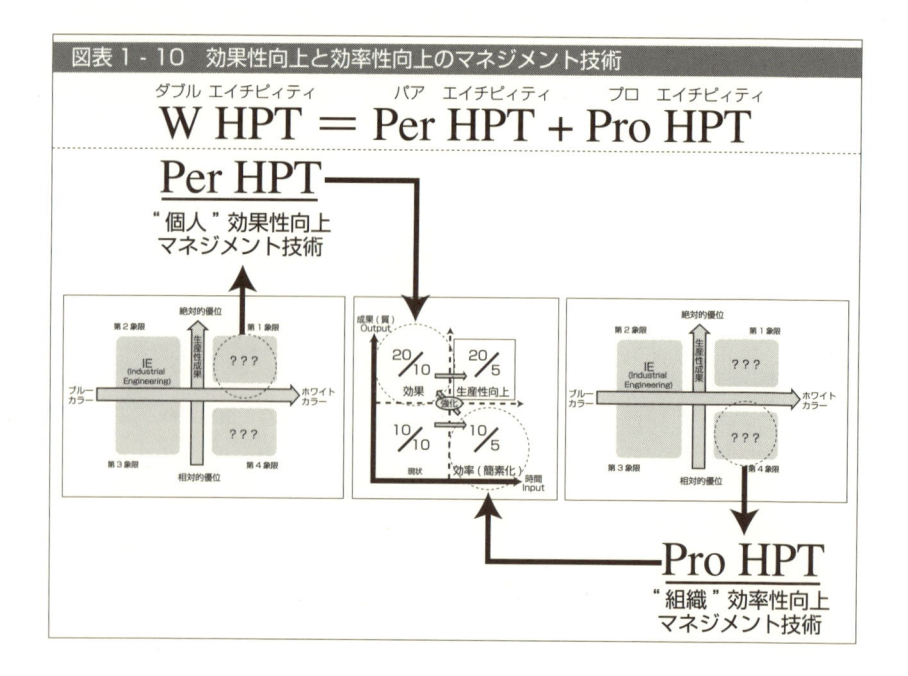

図表1‐10　効果性向上と効率性向上のマネジメント技術

ダブル エイチピィティ　　パア エイチピィティ　　プロ エイチピィティ
W HPT ＝ Per HPT ＋ Pro HPT

Per HPT
"個人"効果性向上
マネジメント技術

Pro HPT
"組織"効率性向上
マネジメント技術

る対象が売上であり、その結果、内的要因の影響を受けるのが投入資源である。たとえば、昨今のサブプライムローン問題で、証券会社は売上計画の大幅減少を余儀なくされている。しかし、倒産させるわけにはいかず経営を継続するために、投入資源の削減に意図的に大胆なメスを入れている。

売上はさまざまな外的要因が重なって管理できない場合もあるが、投入資源は社内方針で計画的に管理できると同時に、管理すべきである。

したがって、効果性を向上するマネジメント技術と効率性を向上させるマネジメント技術は目的が異なるので手法も異なる（図表1-10参照）。個人の効果性を向上させるマネジメント技術として「Per HPT（Human Performance Technology）®（以下、Per HPTという）」、組織の効率性を向上させるマネジメント技術として「Pro HPT（Human Productivity Technology）™（以下、Pro HPTという）」が該当する。

1.6 Pro HPT (Human Productivity Technology)™ の定義

Pro HPTとは、H；ヒューマン（human）、P；プロダクティビティ（productivity）、T；テクノロジー（technology）の頭文字をそれぞれとった言葉である。ここで言葉の定義をする。

・ヒューマン（human）；人。Pro HPTにおいては、「人材」という意味で使用する。具体的には効率性が追及される業務に従事しているホワイトカラーが対象となる。

・プロダクティビティ（productivity）；生産性。Pro HPTにおいては、効果性を高める生産性の向上ではなく、主に「効率性を高める生産性の向上」という意味で使用する。また、効率性と同じ意味で能率性という言葉が使われることもある。これらを英語で表現すると共にエフィシエンシー（efficiency）という。本書内では効率性を活用する。

・テクノロジー（technology）；技術。個人の身についている技能がテクニッ

クであるのに対して、そのテクニックを誰でも使えるようになっている状態である「技術化」という意味で使用する。つまり、「技術化」とは、結果の良否だけでなく、それを得るためのプロセス再現性の確立である。
・Pro HPT（Human Productivity Technology）™の定義；計画的に科学管理できる業務、及びその配置人員を測定し、既存のアウトプットをベースにしてインプットを低減させ、効率性が追及される業務に従事しているホワイトカラーの生産性を向上し、経営業績に寄与するマネジメント技術。

　一方で、Per HPT（Human Performance Technology）®（参考文献22　坂本〔2007〕p.24）という言葉もすでに存在している。参考までに言葉の定義を紹介する。
・ヒューマン（human）；人。Per HPTにおいては、「人材」という意味で使用する。具体的には知識労働者であるホワイトカラーが対象となる。
・パフォーマンス（performance）；功績。Per HPTでは、さらに功績をブレークダウンして「社会に寄与する働き」という意味で使用する。
・テクノロジー（technology）；技術。個人の身に付いている技能がテクニックであるのに対して、そのテクニックを誰でも使えるようになっている状態である「技術化」という意味で使用する。つまり、「技術化」とは、結果の良否だけでなく、それを得るための再現性の確立である。
・HPT（Human Performance Technology）®の定義；社会的責任を感じながら日々付加価値を生み出すだけでなくコストを意識しているハイ・パフォーマー（high performer）のテクニックを組織内で横展開できるマネジメント技術。

　本書内では、このHPT（Human Performance Technology）®を、「Per HPT」と表現している。
　これら二つのマネジメント対象は全く異なる。ゾーンAを向上させる

第1章　経営を継続させるために生産性を向上させる

図表 1 - 11　ゾーン A とゾーン B

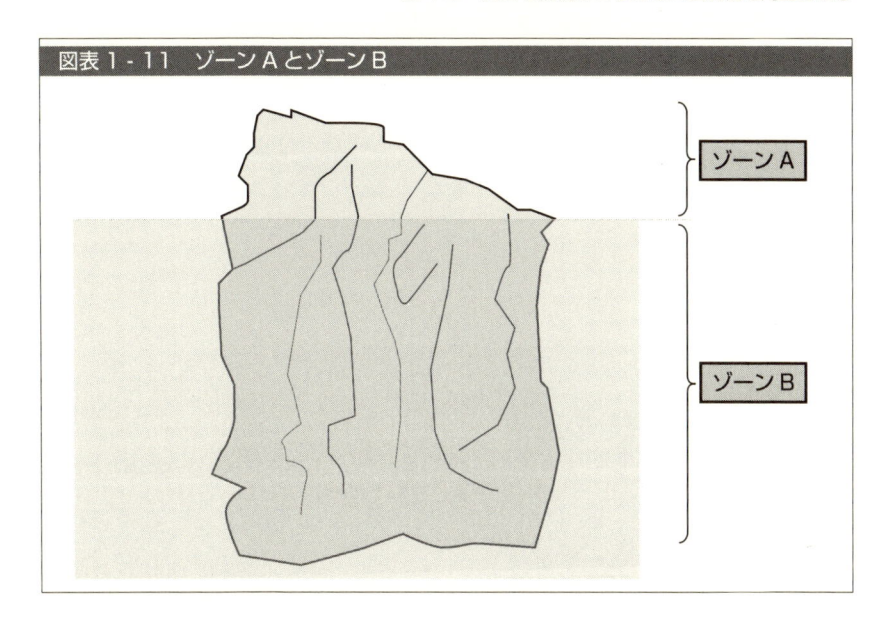

技術が Per HPT であり、ゾーン B を見えるようにし低減させ、ゾーン A に移行させる技術が Pro HPT と理解してもらってよい（図表 1 - 11 参照）。

「2；6；2」は有名な法則である。この法則はパレートの法則である「8；2 の法則」を進化させたものである。パレートの法則とは、全体の 80％の納税は、人口の内の 20％の富裕層が負担しているという内容である。

組織においてもこれらは同じことがいえる。全社員の内 20％が組織に大きく貢献し、60％が組織にそこそこ貢献し、残りの 20％が全く組織に貢献していない。上位 20％はゾーン A に属し、残り 80％（＝ 60％＋ 20％）はゾーン B に属していると仮定すると、ゾーン B を放置しておくことは経営を圧迫させることになりかねない。

同時に、ゾーン B に属する人材は、外部環境にさらされているとは言い難い。ゾーン A に属している人材こそが外部環境にさらされており、大きなリスクも発生する可能性がある。それだけ社会と密接につながっているからこそ、大きな責任感や使命感が芽生え、さらに、挑戦していくこ

とが予想される。

　では、現在の2；6；2の組織から下位20％を取り除くと、その組織は「2；8」、もしくは「3；7」という組織に変貌するのだろうか。これはならない。残念ながら新たに、「2；6；2」が発生する。つまり、ゾーンBは企業経営にとって多くの潜在要素が含まれおり、ここを放置することは経営上許されないのである。言い換えるならば、ここに企業を成長させる要因が多く含まれているともいえる。

1.7　Pro HPTの対象

　ランチェスターの法則（第2原則）を参考にして説明する。どんな些細な業務であっても知的体力を備えている人間が成果を創出するには、事前に「計画」し、そして計画的に「行動」することによって最大の成果が期待できる。無目的に行動すること、及びひたすら計画を立案し続ける、つ

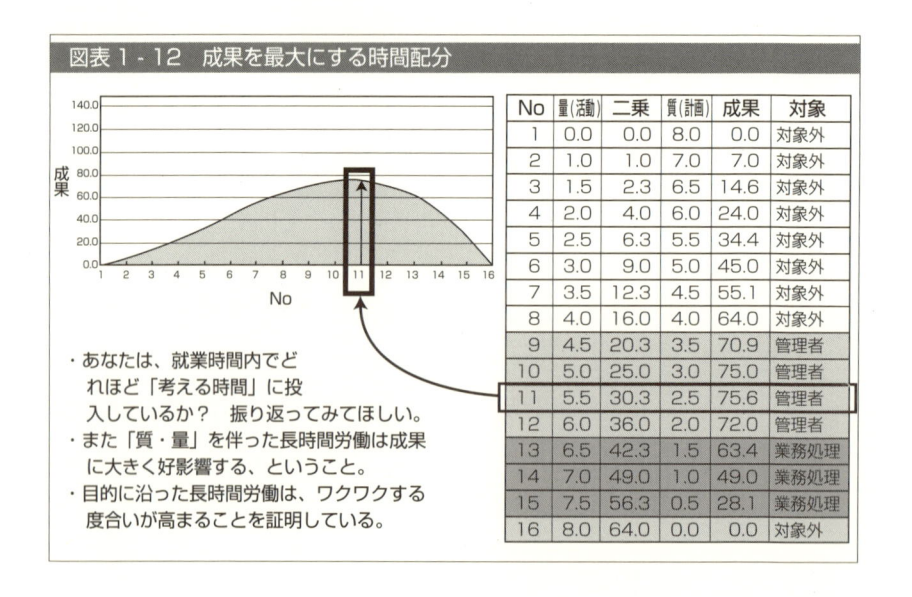

図表1-12　成果を最大にする時間配分

- あなたは、就業時間内でどれほど「考える時間」に投入しているか？　振り返ってみてほしい。
- また「質・量」を伴った長時間労働は成果に大きく好影響する、ということ。
- 目的に沿った長時間労働は、ワクワクする度合いが高まることを証明している。

No	量(滷)	二乗	質(諳)	成果	対象
1	0.0	0.0	8.0	0.0	対象外
2	1.0	1.0	7.0	7.0	対象外
3	1.5	2.3	6.5	14.6	対象外
4	2.0	4.0	6.0	24.0	対象外
5	2.5	6.3	5.5	34.4	対象外
6	3.0	9.0	5.0	45.0	対象外
7	3.5	12.3	4.5	55.1	対象外
8	4.0	16.0	4.0	64.0	対象外
9	4.5	20.3	3.5	70.9	管理者
10	5.0	25.0	3.0	75.0	管理者
11	5.5	30.3	2.5	75.6	管理者
12	6.0	36.0	2.0	72.0	管理者
13	6.5	42.3	1.5	63.4	業務処理
14	7.0	49.0	1.0	49.0	業務処理
15	7.5	56.3	0.5	28.1	業務処理
16	8.0	64.0	0.0	0.0	対象外

まり考え続けることだけでは顧客が期待する成果には到達しない。言い換えるならば、考えずして執った行動は成果に結びつきにくいことを理解しておきたい（図表1-12参照）。

この第2原則では「成果＝質×量^2」と定義されている。実際のビジネス活動とは、「1対1」の戦いではなく、「組織対組織」の場合が実際である。たとえば、桶狭間の戦いは織田信長が一騎打ちを仕組み、狭い所で鉄砲という武器を使って「1対1」で戦ったから勝利できたのである。一方で、関ヶ原の戦いは徳川家康が集中効果を仕組み、広大な所で莫大な兵力を使って「複数」で戦ったから勝利できたのである。現在社会においては、ITも発達していることから「複数の相手に対応できる」と想定し、第2原則を用いて説明する。

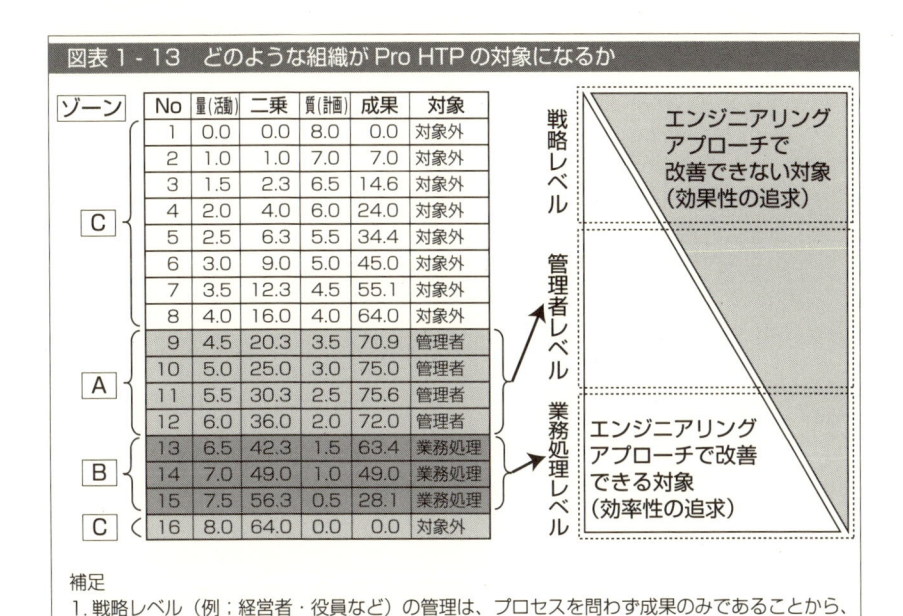

図表1-13　どのような組織がPro HTPの対象になるか

ゾーン	No	量(湧)	二乗	質(調)	成果	対象
C	1	0.0	0.0	8.0	0.0	対象外
C	2	1.0	1.0	7.0	7.0	対象外
C	3	1.5	2.3	6.5	14.6	対象外
C	4	2.0	4.0	6.0	24.0	対象外
C	5	2.5	6.3	5.5	34.4	対象外
C	6	3.0	9.0	5.0	45.0	対象外
C	7	3.5	12.3	4.5	55.1	対象外
C	8	4.0	16.0	4.0	64.0	対象外
A	9	4.5	20.3	3.5	70.9	管理者
A	10	5.0	25.0	3.0	75.0	管理者
A	11	5.5	30.3	2.5	75.6	管理者
A	12	6.0	36.0	2.0	72.0	管理者
B	13	6.5	42.3	1.5	63.4	業務処理
B	14	7.0	49.0	1.0	49.0	業務処理
B	15	7.5	56.3	0.5	28.1	業務処理
C	16	8.0	64.0	0.0	0.0	対象外

戦略レベル／管理者レベル：エンジニアリングアプローチで改善できない対象（効果性の追求）

業務処理レベル：エンジニアリングアプローチで改善できる対象（効率性の追求）

補足
1. 戦略レベル（例；経営者・役員など）の管理は、プロセスを問わず成果のみであることから、ランチェスターの法則から対象としては外した。
2. ゾーンAには、管理職の他に成果主義対象者も含まれる。
3. 上記の区分は、イメージであって統計的測定の下、該当したものではありません。

どのような組織（構成する人材を含む）がPro HPTの対象になるのかを、ランチェスターの法則、及びエンジニアリング対象・非対象を使って定義してみよう（図表1-13参照）。その条件として、

1. 戦略レベルに該当するであろう社長、及び役員は成果指数、及び成果を構成する要因（ここでは、活動時間・計画時間）を基本的に問う必要はなく、成果（＝結果）のみで判断される対象であることから、ここでは対象外とする。
2. ゾーンCに属するNo 1、及びNo 16は、成果指数が「0」になることから、ここでは対象外とする。
3. ゾーンCに属するNo 2～No 8は、4時間以上（／日）も計画業務に時間を投入することは実際的ではないので、ここでは対象外とする。
4. ゾーンA（No 9～No 12）は、活動時間が計画時間を上回っていることを前提にバランスが良く、成果指数が70ポイントを超えていることから、最高の成果を期待されている管理者レベルに該当すると仮定する。
5. ゾーンB（No 13～No 15）は、活動時間が計画時間を上回っていることを前提に活動時間が計画時間よりも大幅に多く、成果指数が「ゼロ」以上であることから、業務処理レベルに該当すると仮定する。

　ゾーンBに該当する組織（その組織を構成する人材を含む）は、計画時間よりも活動時間の比率が高いことから、活動時間を計画的に科学管理することが期待される。そして、削減された活動時間を計画時間に転嫁させることによって、成果指数を向上させることが可能になる。これが業務処理レベルに該当する正社員の21世紀における真の姿である。
　そこで、下記のような状況が社内に顕在していないか見渡してほしい。特に、間接部門においては忠実に正しく見渡してほしい。

1. ゾーンBに該当するべき業務を抱えている人は、そもそも6.5H～7.5H（／日）も活動時間に投入した上でその業務に従事するべきなのだろうか。業務を正確に分析することによって組織全体に占める業務への投入時間が大幅に削減、つまり機会利益を作ることはできないだろうか。
2. 業務内容的にゾーンAに該当するべき人が、実際の時間資源配分がゾーンBに該当している人はいないだろうか。これは、期待される成果に直接結びつかない活動に時間を投入していることが予想される。ここにも、機会利益が潜んでいる。

大きくは二つの状況が考えられるが、Pro HPT の対象になるのは、上記1であり、ゾーンB（No 13 ～ No 15）に該当する組織とする。

1.8　組織の生産性向上は効率性向上から取り組む

　効率性を向上させること、及び効果性を向上させることはどちらも生産性を向上させていることには変わりはないが、組織内を見渡した時に、一般的に「効率性を向上させる活動」、及び「効果性を向上させる活動」のどちらを組織として日々、積極的に取り組んでいるだろうか。一般的には「効率性を向上させる"運動"」が多いことだろう。

　なぜ「効率性を向上させる運動（以下、効率化運動という）」が一般的であり「効果性を向上させる運動」が日常的ではないのだろうか。理由は、効率化向上とは分母の削減であり、効果性向上とは分子の向上だからである（図表1-8参照）。つまり、目の前にある状況を定量的に論理的に把握した上で成果（アウトプット）に直結しない投入資源（インプット）を省く活動と、これからの将来を構造的に客観的に観た上で成果（アウトプット）を創造していく活動では、前者が計画的に管理できるからである。

　一方で、後者は不確実性が高い。だからこそ、確実性の高い効率化対策

は計画的に進捗させることによって定量的に測定し、不確実性の高い領域で安心して戦える状態を常に準備しておく必要がある。

一般的な効率化運動としては、QC（quality control）サークルや改善提案制度、QWL（quality of working life）、そして、効率化施策として現代ではIT（information technology）化、などがある。

定義されたアウトプットを導くために、アウトプットの質に影響しないインプットを省くことはそのまま経営業績に寄与することにつながり、企業の業績が向上することによって最終的にはステークホルダー（stakeholder）の一人である従業員にも間接的な還元がもたらされる。

しかし、その効率化運動の一つであるQCサークル活動に対して、トヨタ自動車では今後、残業代が支払われることになった（参考文献17　大野〔2008〕）。そもそもQCサークルを実施してきたこれまでの目的は何だろうか。ステークホルダーへの期待に応えるべくトヨタでは自主的に参加されてきた方が多い。上司からの命令で実施してきたわけではなく、現場で働く当事者が業務に対する責任感とステークホルダーからの期待を理解しているからこそ、智慧を絞って議論を進めてきたのだろう。また、そこにやりがいを見出してきたはずである。

残業代を支払うことを認めたということは、QCサークルが「業務である」と定義したといえる。そこには、主体性ではなく業務としての必要性からQCサークルに取り組む場面が見られることになるのだろうか。残業であるならば「やりたくない」という心理が働くものである。このような心理状態から付加価値の含まれたアイデアが提案されるのだろうか、と疑念を抱く。

むしろ、「対価をいただいてQCサークルに臨めるのであるからこそ、これまで以上に質の高いアイデアが期待されている」と思ってより向上心をもってサークル活動に真摯に取り組み、最終的にはこれまで以上の経営業績（＝アウトプット）に寄与されることを期待したい。

前述したが、経済は成長が期待できないからこそ企業の経営業績（＝アウトプット）が向上する可能性は低い。その中で企業として利益を作り出していくためには、おのずと投入資源の科学的な管理が求められる。このような経営環境が予想される中で、トヨタ自動車の今回の意思決定には寛大さを感じた。投入資源が少なからずとも肥大化する分、経営業績向上（＝アウトプット）に対して社員一同が自社の継続経営に対して緊張感を共有できたならば、今回の意思決定は先見の明があった、といえるだろう。

1.9　効率性を向上させる4つの手段

1.9.1　業務の見直し

効率化を図るためには、まず事実を定量的に論理的に把握する必要がある。たとえば、8H（／日）労働している中で、8Hではなく2Hの価値しかないことに8H投入していないだろうか。

1.9.2　業務の処理方法

業務を細分化することによって、効率性を低下させていることがある。一週間以内で対応すればよい業務であるにもかかわらず、細分化してしまうことによって当日以内に対応したくなり、対応する前準備・後準備がその都度発生してしまっている。まとめて処理することによって効率性を向上させられることを考えているだろうか。

1.9.3　ITの導入

業務が人からITへ移行することが目的ではなく、人の手を離れた方が、効率性が大幅に高まるのであるならばIT化することも効率性を向上させる一つの手段である。

1.9.4 新技術の独自開発

効率性を向上するために、社内でオリジナルなマネジメント技術を開発しているだろうか。組織は、「仕組み×運用×人」で動いている。自社のために社内で開発されたオリジナルな「仕組み」だからこそ、社内の「人材（＝人）」は積極的に理解し、「運用」しながらその仕組みの完成度を高める努力をするのである。

効率性を高めるための特効薬など存在しない。したがって、市場で発表されているさまざまなマネジメント技術をそのまま導入しても何ら変化しないだろう。しかし、ゼロから独自開発するのでは時間が必要になる。外部の高い専門的な知識・情報・経験と社内の問題意識の高いメンバーがコラボレーションすれば、おのずと独自のマネジメント技術が開発されることだろう。ここには魂が込められているからこそ、社内の「人材」は積極的に理解しようとするに違いない。

1.10　IE (industrial engineering) から Pro HPT へ

IE とは、目的に最もあった最適の機能を実現するように行う一連の行動（参考文献22　坂本〔2007〕p.87）と定義されている。ビジネスの世界において IE は主に工場経営管理で積極的に導入されたマネジメント技術であり、工学的な分析、設計の原理、数学・物理学・社会科学の専門知識を活用して投入資源の科学的管理に大きく貢献してきた。

この技術を、ホワイトカラーに限定した上でゾーン B（図表 1-13 参照）を対象にするならば応用して活用できるはずであり、したがって、Pro HPT は、経営学・経営工学（IE）・経済性工学をベースに考えられている。

1.11　ホワイトカラーとブルーカラーには見解の違いがある

　一般的に、生産性（ここでは、効率性をいう）向上に関して、これまで製造現場ではトヨタ自動車に代表されるQCサークルにあるように、自主的に主体的に、そして積極的に取り組まれてきた。しかし、ホワイトカラーの生産性向上は、総論賛成各論反対が一般的である。
　効率性の向上とはインプットの低減であり、ホワイトカラーの世界では何かが低減されると「これ以上、他の業務が私にやってくるのはご免だ」とか、「この業務は誰かに取られてしまうのか」という意識が先行して効率性を向上することが本来は経営業績に大きく貢献するにもかかわらず、ポジティブな反応を示さない。現状を革新的に変貌させるのではなく、現状を維持することが当事者のトリガーになってしまっているのである。
　なぜここまで効率化の見解が異なるのだろうか。それは、ホワイトカラーの業務内容を科学的統計データに基づいて顕在化させていないからである。木を見て森を見ず……、いや、木を見る前に目の前の草が何本生えているか、それらが定量的に測定できているだろうか。

1.12　生産性を向上させる３つのパターン

　「生産性＝効率性×効果性」と分解する（参考文献22　坂本〔2007〕）。生産性を高めるためには、効率性を向上させても、効果性を向上させても生産性は向上しているといえる。言い換えると、アウトプット一定でインプットを低減しても、インプット一定でアウトプットを向上しても、どちらであっても生産性は向上していることになる。
　生産性を向上させるには３つのパターンが考えられる（図表１-14参照）。ステップ１は、アウトプットが一定でインプットの低減。ステップ２がス

図表1-14　生産性を向上させる3つのパターン

ステップ	サービスレベルの概要		方法
	インプット	アウトプット	
1	↘	→	Pro HPT®
2	→	↗	Per HPT®
3	↻	→↗	トータルIT化

テップ1で余剰となった投入資源の活用を考慮するために低減されたインプットを一定としてアウトプットを向上させる。最終的にステップ3において、ITを導入することによって驚くべき生産性向上が期待できる。

物事には順序があり、順序を守らず進めると抜け・もれ・ダブリ・などが後で吹き出てくるものである。

1.13　効率性向上の定義

Pro HPTを実施していく中で効率性向上の定義は、「人の余力を作ること」とする。この概念はIE改善と全く同じである。

企業経営において、効率性を向上（インプット低減）することそのものが目的ではなく、効果性を向上（アウトプット向上）するために投入するべく資源を、現在環境において効率性を高めることによって新たに生み出すことが本来の目的である。よって、経営はバランスするのである。

アウトプットにはインプットが必要であり、言うならば、アウトプットが創造されないにもかかわらずインプットは必要ない。

1.14　削減 VS 低減

ホワイトカラーの効率性向上とは、働く人の数を減らすことではない。一方で、現在提供しているサービスをできるだけ簡素化、単純化してサービスの質を落とすことでもない。

現在提供しているサービスと、そこに投入されている人数、時間、及び、さまざまな費用を測定し、相対的に妥当なサービスレベルが維持されてい

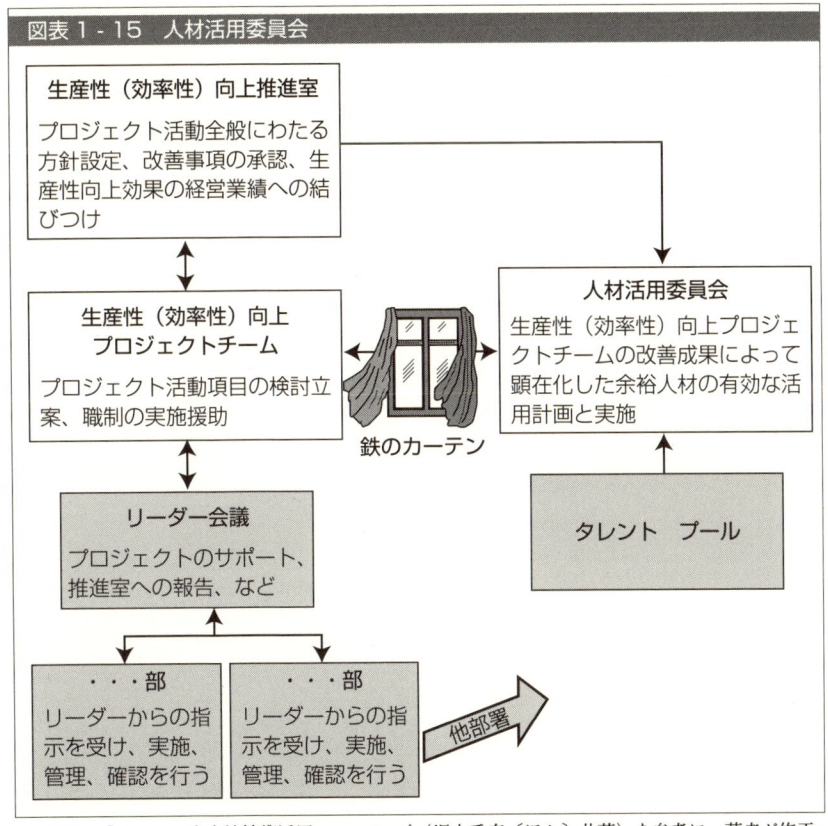

図表1-15　人材活用委員会

生産性（効率性）向上推進室
プロジェクト活動全般にわたる方針設定、改善事項の承認、生産性向上効果の経営業績への結びつけ

生産性（効率性）向上プロジェクトチーム
プロジェクト活動項目の検討立案、職制の実施援助

鉄のカーテン

人材活用委員会
生産性（効率性）向上プロジェクトチームの改善成果によって顕在化した余裕人材の有効な活用計画と実施

リーダー会議
プロジェクトのサポート、推進室への報告、など

タレント　プール

・・・部
リーダーからの指示を受け、実施、管理、確認を行う

・・・部
リーダーからの指示を受け、実施、管理、確認を行う

他部署

『オフィス生産性技術活用マニュアル』（坂本重泰〔ほか〕共著）を参考に、著者が修正。

るかどうかを定量的に追求し続けることである。

　したがって本書内においては、コストや投入資源などにおいては削減と表現しているが、人に関しては削減とは表現せずに、「低減」としている。組織を形成している人材に不良な資産など社内には顕在しておらず、何かしらの貢献をしている、もしくはこれから貢献する可能性を秘めているからこそ、今、そこに人材がいる。

　測定の結果、一時的に「人材を低減」するが、Pro HPTでは、「人材活用委員会」を発足させ、人的資産を有効活用するために日々アイデアを出すような活動を並行して実施している（図表1-15参照）。言わば、雇用の創出を日々考えていることである。これらの活動はそのまま組織の効果性向上につながっていることはお気づきの通りである。

　人材活用委員会については、後述する。

1.15　効率性向上により期待される7つの成果

1.15.1　人員の低減

　効率性を高めることは、アウトプット一定でインプットを低減することである。

　ある人材（以下、Aさんという）の業務量を1人分とし、さまざまな改善の結果0.5人分まで業務量が削減されたとしよう。しかし、これまでと同じくAさんがその業務に従事しているならば、業務量が2倍（0.5人分×2倍＝1人分）にならない限り、改善後の会社はAさんを有効に活用できていないことになる。アイドルタイムが発生していることになる。

　人は正数でしか表現できない。したがって、0.5人分の業務量であっても1人の人材を雇用することは経営業績上、効率性が高まったとは言い切れない。

第 1 章　経営を継続させるために生産性を向上させる

　Pro HPT の対象となる組織は、雇用形態を問わずまとまった人数で動いている組織とする。10 人の組織で 10 人分の業務量が、6 人分の業務量に削減されたとしたならば、内 4 人（＝ 10 人－ 6 人）は、その組織から低減させることができ、新たな投入資源として活用方法を熟考できるところに、企業の成長が期待できるのである。

1.15.2　人員配置の計画性向上

　業務が発生するからそれを処理する人材が必要になるのであって、そこに人材がいるから業務を発生させているのではない。後者のような状況では企業は経費増大で経営が急速に悪化してしまう。

　したがって、発生する業務量とそこに必要とされる人員数は測定し、管理されることが望ましい。業務量に沿って人員が設定されるからこそ、計画的に人員を配置することができる。必然的に無駄は発生していない。

1.15.3　管理者のマネジメント力向上

　管理者として、メンバーを活用し期待以上の成果を創出させるためには、現場一人ひとりが成果に直結するべく業務に多くのウェートを置くことができる環境を作りだすことが期待されている。

　「私が……」、主語が自分になっている人には周りが共感を抱く可能性は低い。「誰のために、何のために、私が、何をする」。Pro HPT を実践することによって、この問いに対して健全に回答できる集団を作り上げる。

1.15.4　関係者への動機づけ

　「忙しい」という言葉は、「心を亡ぼす」と書く。残念だが、効率性向上が対象となる組織においてはこの言葉を社内で頻繁に耳にする。しかし、安易に「忙しい」というのは、実は状況が見えていないだけであって、全く問題ではない。曖昧な状況を定量的に整理すると忙しい中身が見えてく

るので、むしろ、目の前の業務に優先順位が付けられ、溌剌として取り組めるものである。

Pro HPT では、「成果に直結する業務にできるだけ多くの時間を投入できるような環境」を作り出すように開発されている。たとえば、"ある成果"がお客様に直結する成果だとしたら、その業務に携わることに誇りを感じることだろう。結果、お客様から感謝の気持ちをもらえる。そして、また頑張ろうと思う。必然的に「忙しい」という言葉ではなく、「だから、どうする」という対策のある意見が出てくる。

「人は、仕事によって磨かれる。仕事で悩み、苦しむからこそ人間的に立派になるんです」(参考文献16 丹羽〔2005〕p.190)。

1.15.5 共通言語の醸成

コミュニケーションを「頻度×中身」と分解してみよう。すると、中身が共有化できていない人（＝△中身マイナス）と会えば会うほど（＝＋頻度プラス）コミュニケーションは悪くなる（△コミュニケーション＝△中身マイナス×＋頻度プラス）ものである。

「強い法人」とは、共通の「何か」が共有できていることである。それは、共通言語であり、共通の価値観であり、共通の考えるプロセス、などなどである。その中で特に重要としたい内容は「共通言語」である。自部署内で「顧客」といった時に、全員同じ定義を回答するだろうか。問いは何でも構わない。「企業成果」、「改善」、「商品」、「顧客の顧客」、「社会貢献」、「企業価値」、「戦略」、これらの問いに社員が同じ定義を回答できるからこそ、相乗効果が期待できるのである。

Pro HPT を実践する組織とは、改革を推進する場合が多い。よって、総論賛成各論反対では何も推し進まない。目的、目標、方法、そして想定される成果など、一つひとつ定義して進めていくからこそ、共感できるものであり、そのような文化こそが、企業にとって最高のコア・コンピタンス

第 1 章　経営を継続させるために生産性を向上させる

となる。

1.15.6　業務測定技術の社内財産化

測定できないものはマネジメントできない。Pro HPT が対象になる業務は、計画的に科学管理できる業務であり、統計手法を取り入れることによって、ほぼ 100％管理可能となる。

Pro HPT は、統計学を参考に測定技術を開発されているので、測定結果の数値に良い緊張感を抱くことができる。

業務に従事しているのは感情を伴った人間であり、人間がやることだからこそ完璧な業務などなくバラツキもあるだろう。しかし、そのバラツキが「どれほどバラツいているのか」を測定できない限り、結局は属人的なマネジメントになり、結果、マネジメントできていない状態に陥る。

1.15.7　IT 化との融合

IT 化の導入とは、効率化するための目的ではなく効率化するための一つの手段である。したがって、正しい順序に沿って IT を導入すれば大幅な余剰人員が生まれるはずである（注意；ここで述べている IT 化とは、効率性の追求〔＝分母の低減〕を促進する IT であって、効果性の追求〔＝分子の向上〕を期待する IT ではない）。

IT の導入には莫大な初期投資が必要であり、メンテナンス・フィーやアップデート・フィーなどで規模によっては毎年数億支払うこともあるだろう。それらの投資金額が、自社の経営業績の経費内容（損益計算書内における売上総利益〜営業利益の間）に好影響を及ぼすためには、改善のステップを今一度見直してみる必要がある。

つまり、IT は驚くべき効率性を向上させる驚異のツールであるはずなのである。

第2章
効率性を向上させるために機会利益を作る
opportunity profit

2.1 機会利益の定義

機会利益とは、「その機会を適切に利用することによって導かれるであろう利益」と定義している。戦略「A案」と戦略「B案」があるとしよう（図表2-1参照）。あなたならどちらの戦略を選択するだろうか。経営者なら、「B案よりもA案の方が絶対的利益が多いが、それを可能としてくれる機会は何パーセントで発生する（or発生させられる）のか」と考える。その機会の善し悪し以上に、その機会をどのようにすれば活用できるのかを考えることが成長につながる。

効率性を向上させるためには、このような機会、及びその機会から導かれる機会利益を徹底的に見えるようにしなければならない。

自社内において、このような機会を見えるように管理しているだろうか。また、その機会を活用することによってその機会利益が経営業績として実益へつながるように智慧を出しているだろうか。

図表2-1 機会利益と戦略

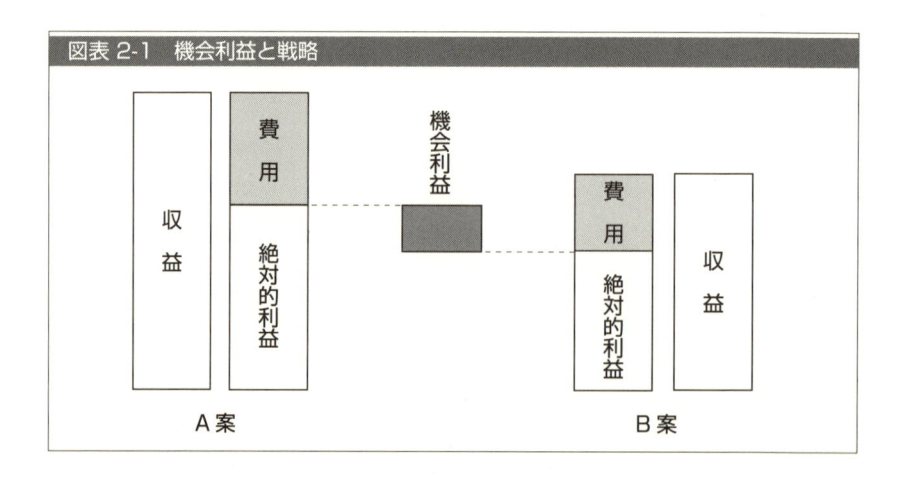

2.2 効率性を向上させる

2.2.1 効率性の分解式

効率性を向上させるための測定対象になる要因を二つに分解する（図表2-2参照）。第1要因が「プロセス（process）」。「インプット ⇒ プロセス ⇒ アウトプット」という分解式（図表2-3参照）に沿って説明すると、期待以上のアウトプットを創造するためには、良質なインプットが必要であり、一方で、そのインプットを適切なプロセスに沿って活用しないと期待以上のアウトプットには変換されない。

そのインプットをアウトプットに変えるには誰かが介入しなければ変わらない。放置しておけばインプットはインプットのままとしてアウトプットになる。そしてインプットをアウトプットに変える過程がプロセスであ

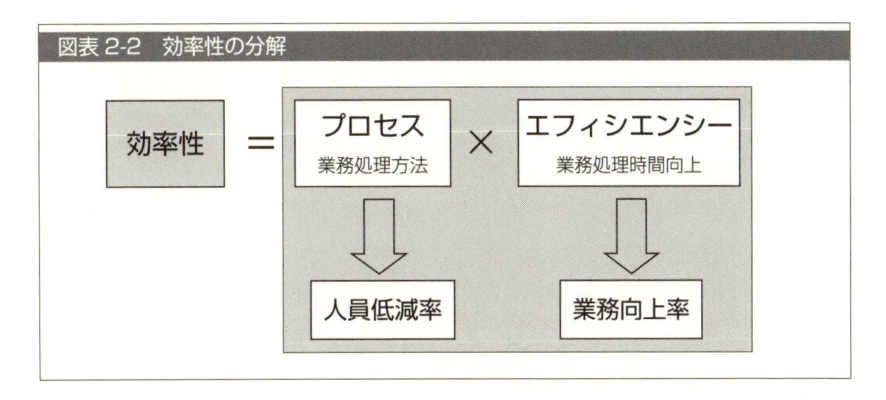

図表2-2 効率性の分解

効率性 ＝ プロセス（業務処理方法） × エフィシエンシー（業務処理時間向上）
↓ ↓
人員低減率　　業務向上率

図表2-3 プロセス

インプット ⇔ プロセス ⇔ アウトプット

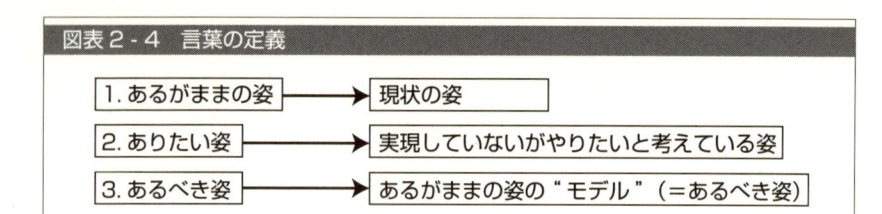

> **図表2-4　言葉の定義**
>
> 1. あるがままの姿　→　現状の姿
> 2. ありたい姿　→　実現していないがやりたいと考えている姿
> 3. あるべき姿　→　あるがままの姿の"モデル"（＝あるべき姿）
>
> 改善を熟考する時に間違ってはいけないポイントは、「ありたい姿」と「あるべき姿」を混同してしまうことである。「ありたい姿」とは希望の姿である。「あるべき姿」とは、「あるがままの姿」の成果を共通言語としてデザインしたものである。
>
> 「ありたい姿」を否定してはいけない。しかし、夢物語で終焉してしまう可能性もある。改善とは、できることから対応していくことから、「あるべき姿」を追いかけることが重要。

り、このプロセスの工程が削減されるならば人の介入頻度が減少し、それがそのまま人員の低減につながるはずである。さらに、IT化との融合によって、人が介入しなくてもインプットがアウトプットに変換することが、Pro HPTにおいては、あるべき姿以上にありたい姿（図表2-4参照）である。

　第2要因は「エフィシエンシー（efficiency）」。日本語では「効率、能率」と訳すことができる。プロセスでは、プロセスそのものを削減することを考慮したが、プロセスそのものを削減できなくとも、そのプロセスに投入する時間を削減することを考察する。これまで10分で対応してきた業務が7分になることによって3分の業務効率が向上したことになる。さらに、この業務に3人が担当していたならば、合計9分（3分×3人）の効率性向上が実現したことになる。

　ここで、実益という概念を使ってさらに説明を付加してみよう。第一要因の「プロセス」は、プロセス削減効果がそのまま人員の低減につながることから、その人員を別途新たに活用することが可能となり、結果的に経営業績に対して実益効果が期待できる。一方で第2要因である「エフィシ

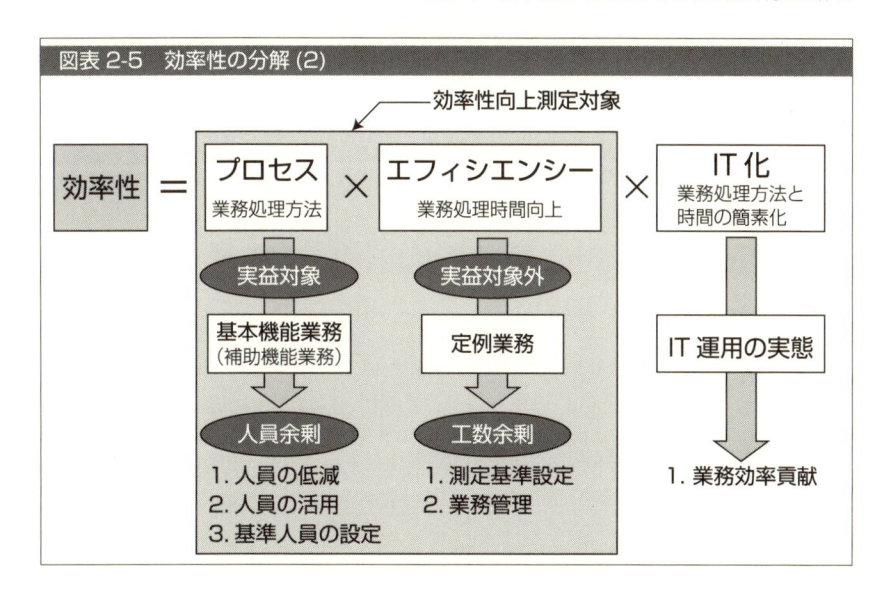

図表 2-5　効率性の分解 (2)

効率性 = プロセス（業務処理方法） × エフィシエンシー（業務処理時間向上） × IT化（業務処理方法と時間の簡素化）

効率性向上測定対象：プロセス × エフィシエンシー

- プロセス（業務処理方法） → 実益対象 → 基本機能業務（補助機能業務） → 人員余剰
  1. 人員の低減
  2. 人員の活用
  3. 基準人員の設定
- エフィシエンシー（業務処理時間向上） → 実益対象外 → 定例業務 → 工数余剰
  1. 測定基準設定
  2. 業務管理
- IT化 → IT運用の実態
  1. 業務効率貢献

エンシー」は、工数余剰を削減することは各々の人員が業務に投入している時間削減であって、人員の低減にまでは言及できない。結果的に経営業績に対して実益効果が期待できるとは言い切れない（図表2-5参照）。

したがって、効率性を向上させる時に必ず守ることが、第1要因を熟考せずに第2要因に取り掛からないことである。そもそも不必要であるプロセスに一生懸命投入時間削減案を考えることはそのまま徒労につながる。不必要なものは取り除けばよい。結果、投入時間削減以上に大幅な効率性が実現される。

2.2.2　プロセスレベル（P；Process）の向上

一般的に改善を進めていく時に話題に上るテーマが、「無駄は何だ」。しかし、この議論は収束しない場合が多い。ある人にとっては無駄なプロセスが、ある人にとっては大変重要なプロセスの場合があるからである。同じ組織で同じ業務に関して議論しているにもかかわらず、なぜこのような

図表2-6 無駄とは何だ

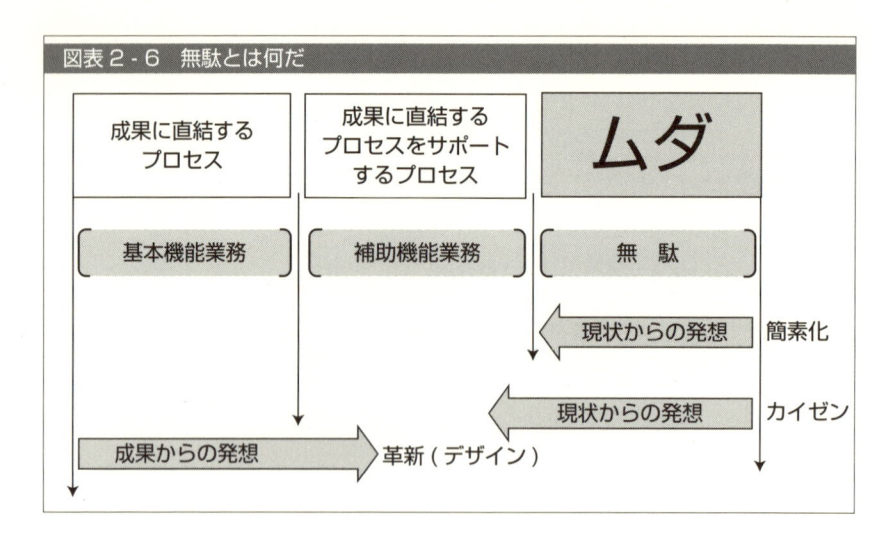

成果に直結するプロセス	成果に直結するプロセスをサポートするプロセス	ムダ
基本機能業務	補助機能業務	無　駄

- 現状からの発想 → 簡素化
- 現状からの発想 → カイゼン
- 成果からの発想 → 革新（デザイン）

見解の相違が発生してしまうのだろうか。

　これは、テーマとして取り上げられた業務そのものの成果定義が当事者同士で異なるからである（図表2-6参照）。共通の成果定義が存在しないところで議論しても解決策内容が異なることは必然的であろう。

　Pro HPTでは無駄な議論は行わない。成果定義に基づいてその業務そのもののプロセスを見直して効率性を向上させる方法を取り入れる（図表2

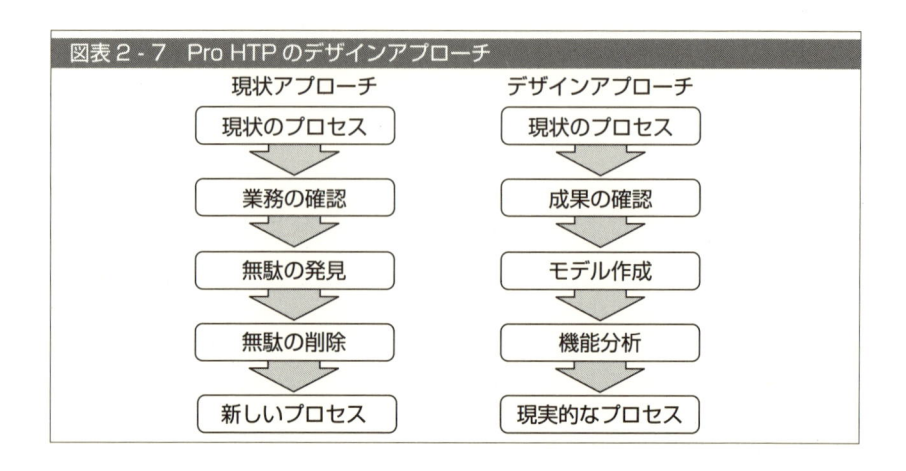

図表2-7　Pro HTPのデザインアプローチ

現状アプローチ	デザインアプローチ
現状のプロセス	現状のプロセス
業務の確認	成果の確認
無駄の発見	モデル作成
無駄の削除	機能分析
新しいプロセス	現実的なプロセス

- 7 参照)。現状アプローチでは共通言語よりも、各々の経験と勘だけが先走った議論が始まってしまう可能性が高い。一方、デザインアプローチでは、共通言語（ここでは、成果）を互いに共有した上で各々の経験と勘を活用した議論を進められることから、あるべきプロセスが作られる。あるべきプロセスと現状のプロセスを比較した結果、何かしらのギャップが顕在したならば、それを無駄と定義すればよい。

2.2.3　エフィシエンシーレベル（E；Efficiency）の向上

プロセスレベルにおいて理想的なプロセスが定義され、そのプロセスを守ってどれだけ効率よく業務を行えるか、という側面。

どんな業務であってもデッドライン（deadline；締め切り）のない業務はない。大なり小なりデッドラインは存在している。デッドラインとは期限ともいえる。たとえ客観的でないとしても、業務に対して目標時間を決めてその時間を守ることを意識しながら業務を遂行することは、業務処理時間が短縮されることにつながるから効率性が高まる。

デッドラインが存在しない業務がないからこそ、時間意識のない行動は意志のない行動ともいえる。

目標時間が設定されているからこそ、振り返ることができる。そして実行前と実行後のギャップを比較することにより、気づきが芽生える。その気付きを行動に反映させると人は成長する。

2.3　効率性向上の可能性を探る

2.3.1　効率性向上要因と可能性研究体系（図表 2 - 8 参照）

(1) プロセス；
業務処理方法を見直すことによって、人員の低減率を見積もることを目

図表2-8 効率性向上の要因と可能性の研究体系

		業務処理方法 プロセス	業務処理時間向上 エフィシエンシー
可能性研究	技法	・ワークサンプリング ・インタビュー	・レベルの分析 ・バラツキの分析 ・インタビュー
	目的	・基本機能業務の確認 ・人員低減率の見積もり	・現状成果の確認 ・業務効率向上率の見積もり

的とする。

(2) エフィシエンシー；

業務処理時間向上を見直すことによって、業務効率の向上率を見積もることを目的とする。

(3) IT化；

業務処理方法、及び業務処理時間向上に対するITの貢献度合を研究することを目的とする。

ただし、IT化は感度分析的なデータ回収結果になることから、効率性向上要因の測定対象となるのは、プロセス、及びエフィシエンシーの二つとする。

2.3.2 ワークサンプリング

(1) なぜワークサンプリングを活用するのか

定量化しにくい作業を定量的に見えるようにする一つの手法としてワークサンプリングが挙げられる。これは、稼働率の状態を定量的に調査する

ことを目的に使うことができる。

　企業経営において、稼働率の低さはそのまま機会損失につながることを意味する。稼働率は、できれば100％であってほしいのではなく、計画的に100％を維持することが求められている。Pro HPTでは機会利益を中心に企業利益に貢献する投入資源を作り出すことから、ワークサンプリングを手法として取り扱う。

　ワークサンプリングとは、現場における部署単位の業務内容ではなく、組織の壁を越えて業務そのものの作業状況を把握、調査、分析する手法であり、作業現場以上に定量化しにくいオフィス業務を解析することに非常に適した手法であり、現在では間接部門を超えて営業職などにも応用されている。

(2) モジュールの定義

(a) モジュールと組織

　ワークサンプリングを活用して業務を見えるように進めていく上で最初に行うべき内容は、モジュールの定義である。

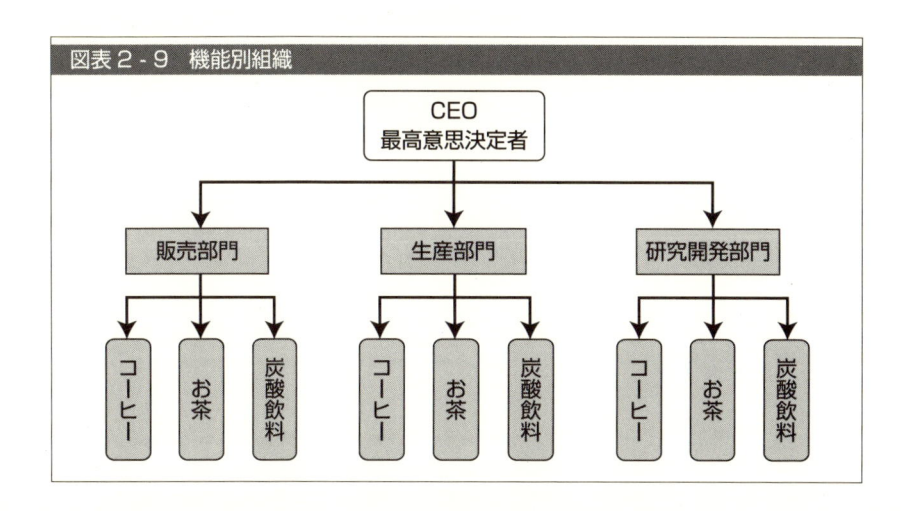

図表2-9　機能別組織

```
                    CEO
                最高意思決定者
        ┌───────────┼───────────┐
     販売部門      生産部門     研究開発部門
    ┌──┼──┐   ┌──┼──┐   ┌──┼──┐
  コー お 炭    コー お 炭    コー お 炭
  ヒー 茶 酸   ヒー 茶 酸   ヒー 茶 酸
         飲          飲          飲
         料          料          料
```

図表2-10　事業部別組織

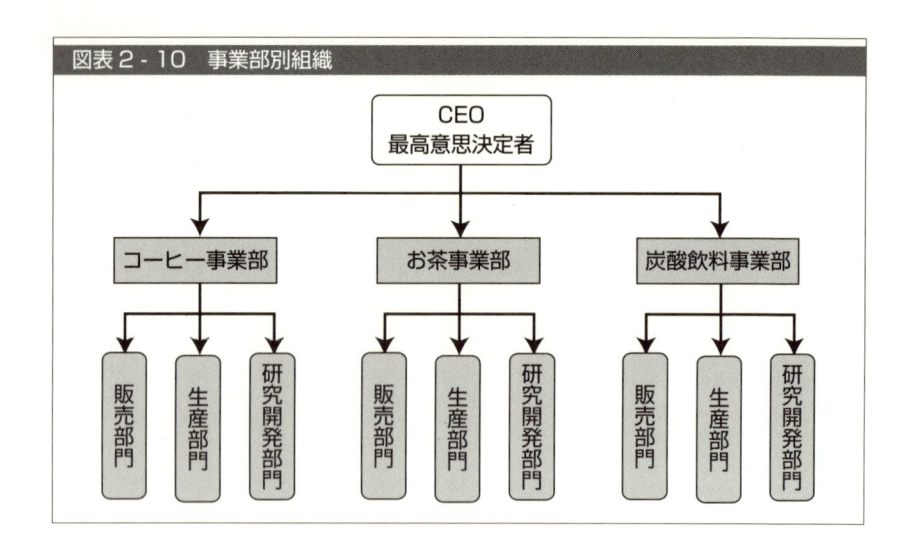

会社の組織は、機能別組織（図表2-9参照）、事業部別組織（図表2-10参照）や、マトリクス組織（図表2-11参照）など、企業戦略に応じて組織形態はデザインされている。この組織形態に沿って「部」や「課」、

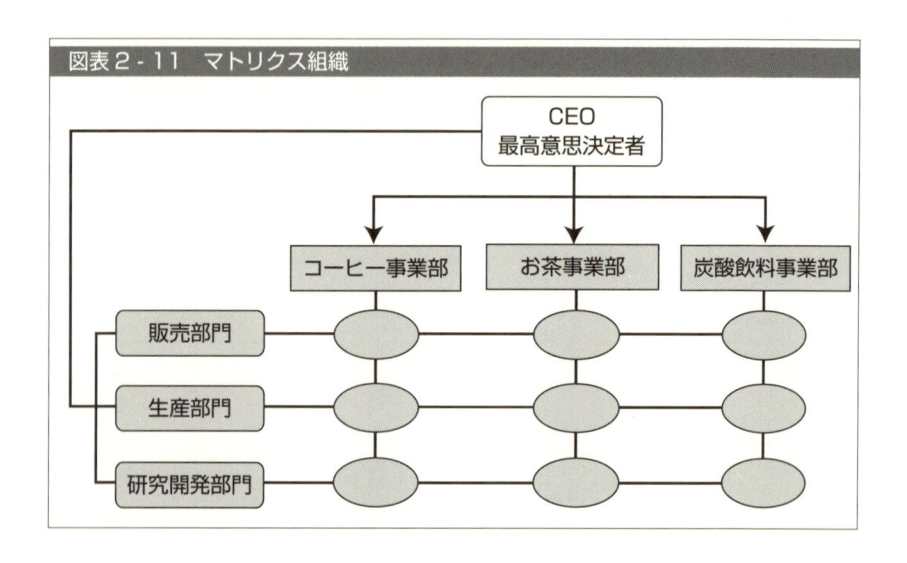

図表2-11　マトリクス組織

さらには「係」というように設定されている。ワークサンプリングにおけるモジュール設定においては、このような組織の概念は必要としない。これらの概念は組織が戦略を遂行するために管理上必要に応じて設定されたものであって、現場の末端の業務内容を対象に実施するワークサンプリングにとって適切に設定されたものではない。

したがって効率性向上のために、業務内容とそこに配置される人員を検討する「業務のかたまり」を明確にする必要がある。この業務のかたまりこそが、「モジュール」である。

モジュールは、プロセス（業務処理方法）を検討する場合の業務のかたまりといえる。一般的に、ワークサンプリング対象は少なくとも「部（or 課）」よりも小さくなることが予想される。

(b) 部内（≠課内）の機能

経理部といっても、多くの機能を持っている。一般会計、原価計算、資金管理、外国為替、税務、株式など。組織上は経理部でまとめられているが、モジュールとしては一つにまとめることができない。それぞれが果たしている機能の関連性から一つの業務のかたまりを設定する。

(c) 他組織機能との関連性

一方で、組織が異なっていても同じ命令系統になっている場合は、同じ業務モジュールとして考えることができる。

また、プロセス（業務処理方法）の見直しが、最終的には組織形態の見直しにつながるわけではない。これらは分けて考えてよいことから現状の組織を前提に業務モジュールを設定することでよい。

(d) モジュールの大きさ

業務モジュールを設定する場合、何人を一つのモジュールにするのか、という業務モジュールの規模の検討が上がってくる。Pro HPT では、アウトプットを一定にした上でインプットである人員を低減することが効率性向上に有効であることから、少ない検討人員では改善効果が見られない。

すると、1～2人を対象にした業務モジュールでは対象が少ない。一方で20人以上となると結果的にこのモジュールを2つ、3つにさらに分解しサブモジュールを設定することになる。

参考までにモジュール一つに対して7人～12人くらいが妥当ではないだろうか。ただし、モジュールの定義によってこれらの人数は変わる。

(e) モジュールと業務の類似性

組織が異なり、さらに機能が異なっても業務内容の類似性が高い場合は、一つの業務モジュールでみるように考察してみること。

各販売課に一人ずつデータ処理をしている契約社員がいる場合とか、各事業部長に一人ずつ秘書がいる場合などは、こうした人だけを一つの業務モジュールにしてしまう。

できるだけ同じ業務のかたまりでモジュールを設定できれば、モジュールの規模が大きくなっても改善の検討は難しくはない。

たとえば、あるグローバル企業では各国の経理業務をインドに集中させているケースがある。これは各国で行われている経理業務を一つのモジュールとみなして効率性を追求した結果、一つに集約されたものである。グローバルレベルでの効率化向上の良い実例である。

(3) ワークサンプリング運用のための準備内容

ゾーンB（図表1-13参照）に属する業務は、繰り返し業務であったとしても1日ごとの短いサイクルで発生する業務は以外と少ない。1週間、1ヶ月などのサイクルで発生する業務である場合や、その他、決算月などの定常月だけに発生する業務など、さまざまである。

上記の内容を考慮して、ワークサンプリングを行う投入期間は約1ヶ月が望ましい。

また、業務モジュールに詳しいある人が、その業務の目的別に行動内容を識別するようなことは難しい。せいぜいわかったとしてもその「行動内

容」くらいだろう。したがって、特定の観測者が自らを観測するのではなく、被観測者の自己申告制度を伴ったワークサンプリングが有効になる。

さらに、このワークサンプリングはその結果を効率性向上の可能性予測につなげていく大切な材料であるからこそ、実施以上に事前準備に必要以上の気配りが重要になってくる。

(a) 調査項目の設定

被観測者自身の行動を客観的に観察する視点は大きく二つ。「何のため

図表2-12　行動内容

大分類	中分類
情報収集	1. 資料準備 2. 資料閲覧 3. 資料検索 4. その他
情報処理	1. 資料作成 2. 記述、打ち込み 3. 確認 4. E-mail 5. コピー・ファックス 6. その他
応対、面談	1. 接客 2. 社内（部内）応対 3. 社内（部内）連絡 4. その他
会議	1. 社内会議 2. 社外会議
その他	1. 出張 2. 外出 3. 学習・指導・教育 4. その他

図表2-13　ホワイトカラーの行動目的の分類

行動内容		コードNo.	人事異動業務 A	購買業務 B	資産管理業務 C	教育・研修業務 D	契約業務 E	社会保険業務 F	給与・賞与業務 G	採用・退職業務 H	出張・外出処理関係業務 I	社内規定・諸規則立案・改定業務 J
情報収集	資料準備	11	11A	11B	11C	11D	11E	11F	11G	11H	11I	11J
	資料閲覧	12	12A	12B	12C	12D	12E	12F	12G	12H	12I	12J
	資料検索	13	13A	13B	13C	13D	13E	13F	13G	13H	13I	13J
	その他	14	14A	14B	14C	14D	14E	14F	14G	14H	14I	14J
情報処理	資料作成	21	21A	21B	21C	21D	21E	21F	21G	21H	21I	21J
	記述、打ち込み	22	22A	22B	22C	22D	22E	22F	22G	22H	22I	22J
	確認	23	23A	23B	23C	23D	23E	23F	23G	23H	23I	23J
	E-mail	24	24A	24B	24C	24D	24E	24F	24G	24H	24I	24J
	コピー・ファックス	25	25A	25B	25C	25D	25E	25F	25G	25H	25I	25J
応対、面談	接客	31	31A	31B	31C	31D	31E	31F	31G	31H	31I	31J
	社内（部内）応対	32	32A	32B	32C	32D	32E	32F	32G	32H	32I	32J
	社内（部内）連絡	33	33A	33B	33C	33D	33E	33F	33G	33H	33I	33J
	その他	34	34A	34B	34C	34D	34E	34F	34G	34H	34I	34J
		35	35A	35B	35C	35D	35E	35F	35G	35H	35I	35J
会議	社内会議	41	41A	41B	41C	41D	41E	41F	41G	41H	41I	41J
	社外会議	42	42A	42B	42C	42D	42E	42F	42G	42H	42I	42J
その他	出張	51	51A	51B	51C	51D	51E	51F	51G	51H	51I	51J
	外出	52	52A	52B	52C	52D	52E	52F	52G	52H	52I	52J
	学習・指導・教育	53	53A	53B	53C	53D	53E	53F	53G	53H	53I	53J
	その他	54	54A	54B	54C	54D	54E	54F	54G	54H	54I	54J

第2章 効率性を向上させるために機会利益を作る

安全衛生・健康管理業務	福利厚生業務	昇格関係業務													その他
K	L	M	N	O	P	Q	R	S	T	U	V	W	X	Y	Z
11K	11L	11M	11N	11O	11P	11Q	11R	11S	11T	11U	11V	11W	11X	11Y	11Z
12K	12L	12M	12N	12O	12P	12Q	12R	12S	12T	12U	12V	12W	12X	12Y	12Z
13K	13L	13M	13N	13O	13P	13Q	13R	13S	13T	13U	13V	13W	13X	13Y	13Z
14K	14L	14M	14N	14O	14P	14Q	14R	14S	14T	14U	14V	14W	14X	14Y	14Z
21K	21L	21M	21N	21O	21P	21Q	21R	21S	21T	21U	21V	21W	21X	21Y	21Z
22K	22L	22M	22N	22O	22P	22Q	22R	22S	22T	22U	22V	22W	22X	22Y	22Z
23K	23L	23M	23N	23O	23P	23Q	23R	23S	23T	23U	23V	23W	23X	23Y	23Z
24K	24L	24M	24N	24O	24P	24Q	24R	24S	24T	24U	24V	24W	24X	24Y	24Z
25K	25L	25M	25N	25O	25P	25Q	25R	25S	25T	25U	25V	25W	25X	25Y	25Z
31K	31L	31M	31N	31O	31P	31Q	31R	31S	31T	31U	31V	31W	31X	31Y	31Z
32K	32L	32M	32N	32O	32P	32Q	32R	32S	32T	32U	32V	32W	32X	32Y	32Z
33K	33L	33M	33N	33O	33P	33Q	33R	33S	33T	33U	33V	33W	33X	33Y	33Z
34K	34L	34M	34N	34O	34P	34Q	34R	34S	34T	34U	34V	34W	34X	34Y	34Z
35K	35L	35M	35N	35O	35P	35Q	35R	35S	35T	35U	35V	35W	35X	35Y	35Z
41K	41L	41M	41N	41O	41P	41Q	41R	41S	41T	41U	41V	41W	41X	41Y	41Z
42K	42L	42M	42N	42O	42P	42Q	42R	42S	42T	42U	42V	42W	42X	42Y	42Z
51K	51L	51M	51N	51O	51P	51Q	51R	51S	51T	51U	51V	51W	51X	51Y	51Z
52K	52L	52M	52N	52O	52P	52Q	52R	52S	52T	52U	52V	52W	52X	52Y	52Z
53K	53L	53M	53N	53O	53P	53Q	53R	53S	53T	53U	53V	53W	53X	53Y	53Z
54K	54L	54M	54N	54O	54P	54Q	54R	54S	54T	54U	54V	54W	54X	54Y	54Z

に何を行っているのか」。つまり、行動目的と行動内容を明確にする必要がある。

初めに、行動内容について説明する。行動内容とは、「電話応対している」、「資料を作成している」とか「情報を処理している」というように、目的はさておきどんな行動を行っているのかを分類したものである（図表2-12参照）。

これらの行動内容はどの部門でもほぼ共有できるものであるのが実際的である。

次に、行動目的が定義されると行動内容がさらに明確になる。資料を作成するにあたって「顧客へ提出するための資料作成なのか」、「上司へ提出するための資料作成なのか」など業務を明確にするために行動目的と行動内容を事前に分類することとする。

以上のように、行動内容を行動目的と一緒に語ると、実際に行っている業務が明らかになる。行動目的の分類は共有できるものではなく、モジュール毎にオリジナルで設定される必要がある。

(b) 観測内容

ワークサンプリングを行う目的は、組織の効率性を向上させるべき機会を見つけることであり、その機会を見つけるべく視点を次の2点に絞って被観測者に観測してもらう。

①基本機能業務比率
②定例業務比率

① 基本機能業務比率

業務を機能という側面で捉えると2つの側面が考えられる。一つは「インプットがアウトプットに直接影響する機能」。この機能は、モジュールを構成している行動目的を達成するためには絶対欠くことのできない必要不可欠な機能であり、むしろ、その機能が無くなるとモジュールの存在価

値が無くなる機能といえる。

　したがって、この基本機能業務の比率が高いことがプロセス（業務処理方法）における善し悪しの判断となる。この比率が高いことは、アウトプットに対するそのプロセスの効果が高いといえる。

　もう一つは、補助機能業務であり無駄や不必要なプロセスではなく、基本機能業務をサポートする機能と考えられる。したがって、工夫の余地が大きいものである（図表2-14参照）。

　これらの基本機能業務、及び補助機能業務は行動目的ごとに分類する。ワークサンプリングは機会利益の潜在性を見るものであるからインプット、及びアウトプットの定義付けはここでは難しいが、基本機能業務定義書（図表2-15参照）に基づいて分類を進めていく。

② 定例業務比率

　業務処理時間を向上するためには、まず現在の業務内容の内、どれくらいの業務が業務成果を測定するために必要となる業務量測定基準として設定できるのかを調査する。

　ワークサンプリングの次のステップにおいて、業務成果のレベル向上、及びバラツキの低減を行うために、現在の業務がどれほど定例的なものかを整理する。この定例業務比率を調査するために4つの分類を行う。

図表2-14　基本機能業務と補助機能業務

基本機能業務	補助機能業務
・モジュール本来の目的を達成するために、絶対欠くことのできない機能をいう。 ・したがって、インプットの効果をアウトプットに直接影響する機能といえる。	・基本機能業務以外はすべて補助機能業務といえる。 ・基本機能業務を補助し、円滑に進めていくための機能。 ・したがって、決して無駄や不必要というものではない。 　ただし、ここに工夫の余地（＝機会利益の可能性）が隠れている。

図表2-15　基本機能業務定義書

行動目的	基本機能に該当する業務	備考
職制組織	職務権限規定、職制規定、現場職制規定の立案改廃、業務分掌規定	
人事 (人事制度)	社員制度、就業規則等の人事制度の立案、改定	
(採用)	採用計画、募集、面接、採用決定および労働契約書等の入社時所定手続書類の回収、作成、記録	・採用募集以外の企業広告(学校関係等)は基本機能に含めない。
(配置)	定員、転勤、出向、休職、復職、退職等の立案、手続処理	
(労務管理)	身上異動(名簿、社内歴名簿、住所録、社員任命、職能給等)、表彰(永年勤続者表彰、改善表彰等)、懲戒(就業管理、懲戒等)、人事考課、出張、旅費の運用実施	・出向者壮行会等は基本機能に含めない。 ・渡航旅費請求手続を含む。
労使関係	労使交渉(労使協議会、労使委員会、専門委員会等)、超過勤務協定等の協定書、議事録等の作成、及び、組合行事、組合時間等の管理	
教育研修	研修、キャリアプランの立案計画、講習会の案内、申し込み、準備、及び、資格免許管理手続	・講習会費支払請求手続は基本機能に含めない。

1. 定例業務

　定例業務とは、繰り返し性が高く標準化やマニュアル化がすでにできあがっている、もしくはその可能性が高い業務をいう。業務を進めていく上で、処理プロセスが社内で定義されている業務はすべて該当する。

2. 判断業務

　判断業務とは、定例業務とは異なり処理プロセスが定義されておらず、

その都度当事者の判断を要する業務をいう。

3. 創造業務

創造業務とは、標準時間などの時間概念にとらわれることなく、さらに処理プロセスが定義されていない、創造性（＝考える）を必要とする業務をいう。

4. その他

該当するモジュールに全く関係のない業務をいう。

③ 計画的業務か、突発的業務か

業務処理時間を向上させるためには、業務そのものが計画的に行われているか否かを知る必要があり、そこから効率性を向上させる可能性を探ることができる。計画性を調査するためには、その対比として突発的業務かどうかを比較する。

1. 計画的業務

計画的業務とは、前もって計画して遂行している業務をいう。もしくは、計画的に発生する業務も該当する。

2. 突発的業務

突発的業務とは、計画外の業務か、文字通り突発的に発生する業務をいう。たとえば、計画的に業務を進めていた中で、会議室で打ち合わせをしている上司から携帯へ「……の提案書を至急データ転送してほしい」と依頼されたような業務は突発的業務である。

計画外の業務はすべて突発的業務に該当する。

(4) 調査資料とマニュアルの作成

ワークサンプリングを実施するために必要な事前資料とは、調査資料とマニュアルである。Pro HPT を運営するプロジェクトメンバーの準備作業に対する過度な丁寧さがワークサンプリング実施を完遂させるといっても過言ではない。

(a) 調査資料；観測項目コード

　モジュール毎に「何の目的で、どんな行動内容をしているのか」を選択できるように、行動目的と行動内容をマトリクスで表現して観測項目コードを作成する。

　ここでは、行動目的をアルファベットで表現し、行動内容を二桁の数字で表現している。これは被観測者自身が瞬時に選別できるように考慮したものである。

　行動目的は、モジュール毎に設定されている。これは判断項目の一つである機能選択を容易にするだけでなく、業務処理方法の生産性向上をモジュール別に行う場合、必要になる。

　行動内容に関しては、モジュールとモジュールの比較を可能とするために、共通のコードを使用することが望ましい。これらは専門家を介して他社との比較を行う場合にも役に立つ。

　また、中分類を10の位、小分類を1の位で分けているからこそ、中分類レベルでの集計、比較も可能になる。

(b) 調査資料；ワークサンプリング調査票

　ワークサンプリングのサンプル数は後ほど設定するが、実施期間は約1ヶ月を要する。長期間に渡ってデータを収集していくと必然的に分析処理に多大なる時間が投入される。その業務を回避するためにも、ワークサンプリング調査票は、「1人、1日、1枚」記入してもらうことが運営上のルールになる。

　集計上必要な要因としては、次のような要因を個々の業務ごとに把握できればよい。

　・行動目的
　・行動内容
　・機能区分
　・業務内容

第2章 効率性を向上させるために機会利益を作る

・IT化

さらに、職場環境や個人の属性によって分析データにバラツキが発生することが予想されるので、そのような分類として、次のような属性を記入できるようにしておくとよい。

・所属部署コード
・モジュールナンバー
・性別
・調査期日

図表2-16 ワークサンプリング調査票

所属部署コード	モジュールナンバー	性別		調査期日		社員番号	氏名
		男	女	月	日		

調査回数	コード	機能区分		業務内容						IT化		
				定例		判断						
		基本	補助	計画	スポット	繰り返し	スポット	創造	その他	望ましい	望ましくない	改善の余地あり
1		1	2	11	12	21	22	31	41	51	52	53
2		1	2	11	12	21	22	31	41	51	52	53
3		1	2	11	12	21	22	31	41	51	52	53
4		1	2	11	12	21	22	31	41	51	52	53
5		1	2	11	12	21	22	31	41	51	52	53
6		1	2	11	12	21	22	31	41	51	52	53
7		1	2	11	12	21	22	31	41	51	52	53
8		1	2	11	12	21	22	31	41	51	52	53
9		1	2	11	12	21	22	31	41	51	52	53

・社員番号

・名前

　各データは、調査回数1回につき「1行」をすべて記録する。観測項目コード表に設定されている行動目的、及び、行動内容からその都度選択して記入しワークサンプリング調査票を完成させていく（図表2-16参照）。

(c) マニュアル

　このワークサンプリングは、被観測者の自己申告で実施することに価値がある。観測者が自らの意思で観測するのでは当事者の思いが調査結果につながる可能性がある。そこには真実がサンプルとして収集できる可能性が低い。したがって、被観測者には実態を正確に把握するために、このワークサンプリングの目的を周知徹底する必要がある。

　ワークサンプリングの集計結果が、今後の Pro HPT を実際に運営していく上での重要なサンプルになることはいうまでもなく、よって、ワークサンプリング実施マニュアル等をプロジェクトメンバーが独自に作成し、被観測者、及びその上長に徹底する。

　特に、ゾーンBに該当する業務を担当している人材にとっては、一般的にこのような調査を肯定的にとらえないことが予想される。組織の効率性向上のための可能性を調査することが目的であり、その業務の評価や査定に使うものではないことをしっかりと事前に伝達しておく必要がある。

① 調査依頼書

　プロジェクトメンバーの責任者が、このワークサンプリングの目的、及び詳細を現場において徹底してもらうために、調査依頼書を作成する。

　ワークサンプリングに関する理解度は、プロジェクトメンバーの理解度とはほど遠いと考えておいた方がよい。したがって、ここでも過度な丁寧さ（例；表現の選び方、言葉の選び方、説明の図解補足、など）が求められる。

また、この調査依頼書はプロジェクトメンバーが直接被観測者に説明するものではなく、被観測者の上長が被観測者本人に説明してもらう資料である。プロジェクトメンバーが直接被観測者に説明するのではなく上長が説明すること、及び被観測者にとっても上長からの依頼事項として受け止めるから、目的が徹底され調査がスムーズに進むことになる。

　そのために、プロジェクトメンバーの方から各上長へ事前に説明会を開催し、上長からの質疑には丁寧に対応することが期待される。

　実際にワークサンプリングが開始された後は、プロジェクトメンバーが各モジュール担当を決めているので、被観測者からの質問などに直接回答することもある。

　② 調査票記入説明書

　調査票記入説明書は、被観測者とその上長に配布するものである。ここでは、調査票記入方法として、記入するにあたっての基本的な考え方、考えられる例外や誤解、またワークサンプリング調査票記入例などを説明書に記載しておく。

　③ 基本機能業務・補助機能業務選択説明書

　プロジェクトメンバーにとっては、機能区分こそが直接機会利益に結びつくデータであるから大変重要であると同時に、被観測者にとっては一貫性が保ち難く、特に補助機能業務は「基本機能業務を補助する機能」と定義しているにもかかわらず、実際は、「不要な機能」、「無駄な機能」と勝手に解釈してしまう場合がある。

　したがって、基本機能業務・補助機能業務選択説明書を丁寧に作成し、機能区分に一貫性が保てるように配慮すること。

　実際の改善活動では、インプットとアウトプットを定義するが、ワークサンプリングでは機会利益の可能性を分析することであるから、細かな定義を必要としない。

(5) ワークサンプリング運用
(a) Step 1；サンプルと測定タイミング
① サンプル数の計算

ワークサンプリングは、人の稼働状態や仕事の種類をランダムに観測し、その観測データを積み上げることによって各観測項目内容の時間構成や推移状況を統計的に収集する方法である。

この方法の精度は、機会利益を作り出すための可能性を分析することを考慮すると、信頼度95％（2σ）、相対誤差10％で十分である（図表2-17参照）。これに確認した事象の生起率（＝発生率）を加えれば、必要サンプル数を算出することができる。

サンプル数は、ある観測項目の出現の割合である生起率（＝発生率）を「P」とし、絶対誤差を「e」、信頼度を「1－σ」をu（σ）「σ＝危険率」とすれば、サンプル数は、

$$N = \{u(\sigma) / e\}2 \times P \times (1 - P)$$

となる。正規分布表においては、u（0.05）＝ 1.960、u（0.10）＝ 1.645。

この絶対誤差に対して、その誤差が生起率（＝発生率）に対して何％に相当するのかを示すのに用いるのが相対誤差である。このようにサンプル

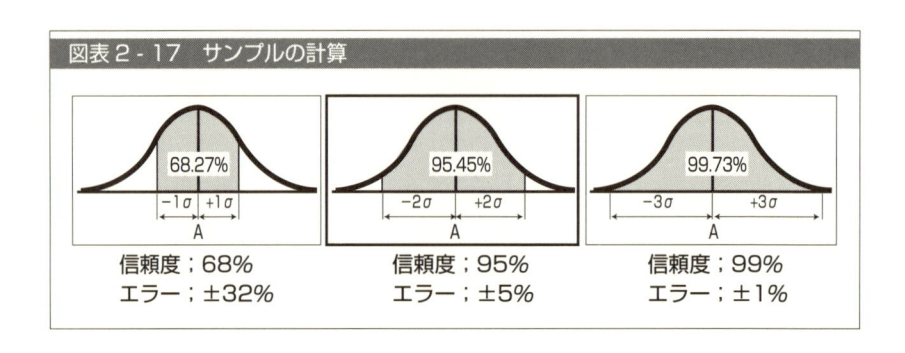

図表2-17 サンプルの計算

68.27% −1σ +1σ A 信頼度；68% エラー；±32%	95.45% −2σ +2σ A 信頼度；95% エラー；±5%	99.73% −3σ +3σ A 信頼度；99% エラー；±1%

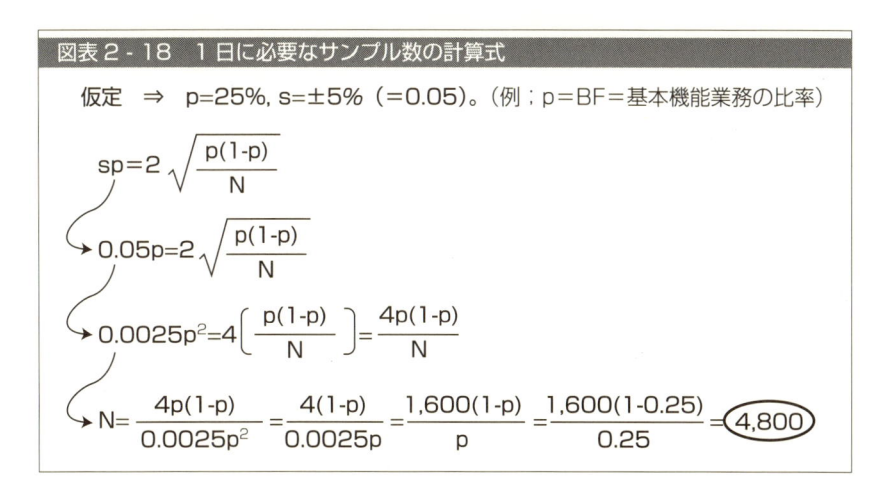

図表2-18　1日に必要なサンプル数の計算式

仮定　⇒　p=25%, s=±5%（=0.05）。（例；p=BF=基本機能業務の比率）

$$sp = 2\sqrt{\frac{p(1-p)}{N}}$$

$$\hookrightarrow 0.05p = 2\sqrt{\frac{p(1-p)}{N}}$$

$$\hookrightarrow 0.0025p^2 = 4\left[\frac{p(1-p)}{N}\right] = \frac{4p(1-p)}{N}$$

$$\hookrightarrow N = \frac{4p(1-p)}{0.0025p^2} = \frac{4(1-p)}{0.0025p} = \frac{1,600(1-p)}{p} = \frac{1,600(1-0.25)}{0.25} = \boxed{4,800}$$

数（＝必要申告データ数）を求めることができると、被観測者数、及び、対象期間から1日に必要なサンプル数が計算される（図表2-18参照）。

ゾーンBに該当する業務の繰り返すサイクルは1ヶ月毎で起こる可能性が高い。1年単位で起こる業務も存在しているだろうが、ワークサンプリングを1年間行うことは、ワークサンプリングそのものが機会損失になる。

よって、期間は1ヶ月を目安としてよい。また、1日における必要サンプル数は、被観測者の対象者数、対象期間、及び算出された合計サンプル数から計算する（図表2-19参照）。

② ランダム時刻表の設定

観測にあたっては、業務周期と観測周期が一致しないようにランダムに行う。ランダムに観測を行うことによって特定の業務に偏ることなく、真の業務実態をとらえる可能性が高まる。

ランダム時刻の決め方はランダム時刻表を参考にすると便利である（図表2-20参照）。

このランダム時刻表を用いる時の注意点は次の5点である。

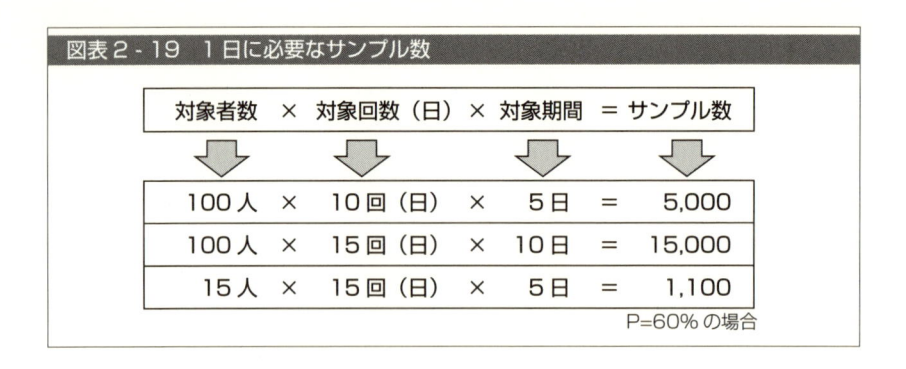

図表2-19　1日に必要なサンプル数

対象者数	×	対象回数（日）	×	対象期間	=	サンプル数
100人	×	10回（日）	×	5日	=	5,000
100人	×	15回（日）	×	10日	=	15,000
15人	×	15回（日）	×	5日	=	1,100

P=60%の場合

1. どのランダム時刻から開始するのかを決める。
2. 観測開始時間を揃える。
3. 就業時間外のランダム時刻を消す。定時の休憩時間や昼食休憩、就業開始前、など。
4. 上記3.の後、残ったランダム時刻の中で使用ランダム時刻を選ぶ。
5. 一般的に、あまりにもランダム時刻の間隔が短いと混乱を招く場合がある。最低でも5分以上の間隔は持つようにアレンジすることも考慮すること。

(b) Step 2；告知方法

被観測者へのランダム時刻を告知する方法は主に2つ。一つはポケベル。もう一つは公用携帯電話へメールを配信する。現在では、後者が一般的である。

ポケベルや携帯電話メールへの告知において、実際は「告知されなかった」という声が被観測者から寄せられる場合がある。これは電波が届く範囲の問題である。対策として、一時的に仮設アンテナをつけることなどが考えられる。

また告知音に関するクレームもある。その場合は、バイブレーターに設定し常に胸元に置いていただくなどの処置も考えられる。

図表2-20　ランダム時刻表

1		2		3		4		5	
順序	時刻	順序	時刻	順序	時刻	順序	時刻	順序	時刻
8	8:2	18	8:11	5	8:5	11	8:41	21	8:14
19	8:28	3	8:41	11	8:17	17	9:0	22	8:38
12	8:31	14	8:53	15	8:43	4	9:15	9	8:53
9	9:4	4	9:0	13	9:1	20	9:57	8	9:30
21	9:41	9	9:24	17	9:49	5	10:11	11	9:45
22	10:1	17	10:22	2	10:8	21	10:28	4	10:22
4	10:40	16	10:33	4	10:23	15	10:30	20	10:33
18	10:51	8	10:47	20	10:36	1	11:8	13	11:16
1	11:16	1	11:1	6	11:20	14	11:22	16	11:29
6	11:41	5	11:54	9	11:29	9	11:35	2	11:58
									13:12

6		7		8		9		10	
順序	時刻	順序	時刻	順序	時刻	順序	時刻	順序	時刻
8	8:5	3	8:4	19	8:28	12	8:1	22	8:3
14	8:17	11	8:44	20	8:36	2	8:23	16	8:15
18	8:43	21	8:50	12	8:44	6	8:41	21	8:55
16	9:1	7	9:18	16	9:20	16	9:12	20	9:36
2	10:9	19	9:37	6	9:35	11	9:32	15	9:47
5	10:13	14	9:49	1	10:15	8	10:6	6	10:7
20	10:47	5	10:4	3	10:36	18	10:10	3	10:19
7	11:6	13	10:31	10	10:56	14	11:6	5	10:55
9	11:20	16	10:55	5	11:32	13	11:15	19	11:10
12	11:34	10	11:40	11	11:59	15	11:28	8	11:29
									13:40

『IEの基礎』（藤田彰久著）を参考に、著者が修正。

(c) Step 3；サンプルの記録

　被観測者は、告知された時刻とほぼ同じタイミングでデータを記入していく。告知された時にどうしてもデータを記入できない場合は、その業務終了後に記入する。

　データは「ワークサンプリング調査票」の「コード」を記入する。

　・行動内容分類コードを活用して、

- 行動内容の「数字」、及び、
- 行動目的の「アルファベット」を記入する。そして、
- 機能区分を行い、最後に、
- 業務内容を選択する。

行動目的と行動内容以外はすべて選択する旨を事前に伝えておくと、記入漏れは少なくなるだろう。

このようにして完成したサンプルデータは、被観測者自身が記入したものであり、毎日、管理者からのチェックを受けるようにする。その後、管理者からプロジェクトチームに提出される。

このサンプルデータは膨大なサンプル数になる一方で、多面的な分析が可能となる。言い換えるならば、多面的な分析を可能にするためには、日々

図表2-21 集計結果

	モジュール		総務	人事	資材	購買	経理	秘書
	対象人員	人	11	13	11	9	12	6
	データ数	件	1500	2700	1500	900	1250	190
業務分類	機能	基本	61%	64%	43%	68%	78%	41%
		補助	39%	36%	57%	32%	22%	59%
	定例	計画的	26%	41%	59%	22%	78%	39%
		スポット	32%	20%	12%	6%	9%	26%
		小計	58%	61%	71%	28%	87%	65%
	判断	繰り返し	5%	10%	7%	44%	2%	5%
		スポット	21%	17%	12%	18%	4%	21%
		小計	26%	27%	19%	62%	6%	26%
	創造		5%	5%	1%	2%	1%	4%
	その他		11%	7%	9%	8%	6%	5%
ITの可否	望ましい		31%	51%	66%	66%	80%	44%
	望ましくない		53%	37%	24%	24%	13%	47%
	改善の余地あり		16%	16%	10%	10%	7%	9%

の被観測者自身のデータ記入作業がポイントになる。日々のデータが分析するための材料となり、そのデータが計画通りに回収できないようでは、分析に多大なる影響を及ぼすので、管理者はワークサンプリング開催期間中、被観測者からのデータ収集に注意を払うこと。

万が一、記入漏れなどが多い場合はサンプルとして使用できない可能性が高い。その場合は、サンプル回収期間を延長し、開始前に設定したサンプル数を確実に回収できるまで開催することとする。また、サンプル対象者数や対象回数（／日）を増やすことも一つの対策である。

実際にワークサンプリングを行うと何らかの事情で計画通り進まないことがよくある。その場合を考慮して事前に現場の方へ「サンプル回収状況によっては期間が延長されることもあります」と連絡しておくことは丁寧な配慮につながる。

図表2-22　モジュール毎の集計結果

合計100%

大分類	行動内容分類		集計単位計=100	機能区分		業務内容						創造	その他	IT化		
	コード中分類			基本	補助	定例			判断					望ましい	望ましくない	改善の余地あり
						計画的	スポット	小計	計画的	スポット	小計					
情報収集	資料準備		3%	11%	89%	56%	25%	81%	3%	8%	11%	4%	5%	6%	60%	34%
	資料閲覧		2%	29%	71%	24%	26%	50%	8%	22%	30%	11%	10%	54%	21%	25%
	資料検索		1%	10%	90%	22%	38%	60%	4%	18%	22%	3%	14%	63%	32%	5%
	小計		6%	17%	83%	40%	27%	67%	5%	14%	19%	6%	8%	41%	38%	21%
情報処理	資料作成		9%	68%	32%	81%	9%	90%	6%	3%	9%	0%	0%	45%	13%	47%
	記述・打ち込み		10%	85%	15%	81%	12%	93%	3%	3%	6%	1%	1%	54%	5%	41%
	作表、記述、思考		21%	82%	18%	51%	15%	66%	12%	15%	27%	6%	1%	22%	53%	25%
	確認		6%	78%	22%	37%	10%	47%	38%	13%	51%	1%	1%	8%	34%	58%
	E-mail		8%	79%	21%	73%	14%	87%	2%	8%	10%	1%	1%	40%	14%	46%
	コピー・ファックス		2%	17%	83%	52%	31%	83%	1%	8%	9%	1%	6%	24%	45%	31%
	その他		1%	30%	70%	50%	20%	70%	2%	21%	23%	0%	7%	2%	27%	71%
	小計		57%	77%	23%	63%	13%	76%	10%	10%	20%	3%	1%	28%	27%	46%

合計100%　　合計100%

(d) Step 4；サンプルデータの処理

サンプルデータは膨大な数になる。よって、毎日処理することがプロジェクトメンバーの動きをスムーズにさせる。

毎日処理していく中で、観測内容項目が日を追って安定し、その項目発生比率が日毎に大きなバラツキが発生していないなら、サンプルデータは適正に回収しているといえる。

ワークサンプリングの集計結果としてワークサンプリング実施モジュールがすべて見える集計結果（図表2-21参照）、及びモジュール毎の集計結果（図表2-22参照）が作成できる。

2.3.3　プロセスレベル（P；Process）の分析

(1) 改善余地の把握

(a) 事実を定量的に論理的にとらえる

効率性が追及される業務に従事しているホワイトカラーの実態はとらえにくいのが現状である。したがって、製造現場における業務とは異なりアイドルタイムを発見できる可能性は低い。常に、何らかの業務を何らかの形で遂行しているものであって、業務をしている、もしくは、業務をしていない、というような捉え方が難しいのである。

このような状況のまま改善活動を行っても、実際に、何がどのくらい善くなったのかが測定できていない。このような現場から聞こえてくる一般的な声が「でも、私は一生懸命改善しています」。結果、改善が改善として組織財産になることなく、時間の経過と共に、気づくと元の状態に戻ってしまっていることが多々あることがあなたの周りで散見されないだろうか。

改善を実施するには、業務の実態を定量的に論理的に捉えた上で、さらに、改善可能な業務を見出さなければならない。

だから、モジュールという考え方が役に立つのである。モジュールには

処理すべきそれぞれの業務、つまりアウトプットが存在し、アウトプットを導くためにはインプットをプロセスに沿って変換していくことが求められる。

その業務そのものをなくしてしまうと、対象となっているモジュールの価値が創造できなくなってしまう業務を基本機能業務と定義している。まずは、大きくこの基本機能業務と補助機能業務の二つに分別してみることから機会利益の算定は始まる。

現状のモジュールの価値を創造するためには、基本機能業務も補助機能業務も必要不可欠であるが、経営へ寄与するために、あるべきモジュールの価値を創造するためには、基本機能業務だけで構成されているプロセスが望ましいことは言うまでもない。

(b) 事実を現象として具現化する

プロセスを分析するにあたって共有しておきたい見解は、そのモジュール内において、アウトプットに直接影響している基本機能業務の比率の高さである。基本機能業務の比率が高いことは効率的な動きをしていることであるという仮説を設定することができる。

総務の基本機能業務は全体の61％である。したがって、残りの39％が補助機能業務となる（図表2-21参照）。ここからいえることは、総務の業務内容は、39％が直接アウトプットに影響しない業務に従事していることから、不必要ではないが改善の余地を見出す必要がある。つまり、機会利益として算出される業務内容が見出せたことになる。

したがって、それぞれの業務は機能区分しておく必要がある。機能区分の参考資料として、「基本機能業務・補助機能業務選択説明書」が事前に作成されている。事実を属人化させるのではなく、事実を現象でとらえることによって具現化していくと業務は見えてくるものである。

(c) プロセスレベルのあるべき姿とは

現場において、忙しく業務に従事していたとしてもアウトプットに影響

しない業務に時間を投入することは、本人にとってもモジュールにとっても、そして組織にとっても喜ばしいことではない。あるべき姿としては、アウトプットに直接影響する業務だけに携わり、さらにその投入時間が短縮されていくことである。

しかし、実際は100％基本機能業務だけで成り立っているモジュールは存在しない。何らかの補助機能業務と上手く噛み合わさってモジュールが成り立っている。言わば、100％基本機能業務は「ありたい姿」であって「あるべき姿」というには現実離れしている。したがって、現状の比率において基本機能業務を60％～80％まで向上させることが改善の目標になる。

効率性が追及される業務に従事しているホワイトカラーは、創造性が期待されている業務は少ない。さらに、専門的な知識が事前に必要とする業務も少ない。一般性の高い業務には比率として補助機能業務が含まれる可能性が高い。

(2) 改善の可能性と機会利益

(a) BPR-I（brain progressive reinforcement-index）

測定して算出できたのは機会利益であり、測定内容から導きだされた数値を目標として現状の業務内容を改善するためにさまざまな改善アイデアを創造しない限り、機会利益は実益に変わらない。その対象になるのが補助機能業務である。この業務はワークサンプリング時における機能区分により対象業務が明確に見えている。

では、どの程度改善すればよいのだろうか。改善にゴールはなく費用と時間を無限に投入できるならば配置人員の低減はどんな目標値であろうが可能である。しかし、改善のやり過ぎは組織をモチベーションダウンさせてしまうこともある。一方で、必要な改善には徹底的に智慧を絞り出すことが期待される。そのために改善の目標を設定する必要があり、この目標値を「BPR-I」という。

BPR-Iとは、「現在の対象モジュール人員－基本機能業務工数人員」と分解する。

BPR-Iは、これから改善していくための目標値（index）であり、この目標値を軸にして頭脳（brain）をフル回転させ、アイデアを強制的（reinforcement）に発想させていく（progressive）ことが求められる、という意味が込められている。

このように、BPR-Iを設定した上で、改善を進めていくことになる。目標値が異なればアイデアの内容やその業務に投入する緊張感も異なる。たとえば、全く同じ条件で「100本のジュースを販売する場合」と「10本のジュースを販売する場合」では創造する対策は異なる。BPR-Iの設定は、プロジェクトメンバーの改善に対する努力の度合を示したことになる。

ここで重要なことは、前にも述べたが補助機能業務を100％改善しないこと。完璧な人間は存在しないからこそ、基本機能業務100％だけで成り立っているモジュールも存在はしない。だからこそ、BPR-Iは60％～80％くらいで見積もるのが現実的である。

(b) BPR-Iの計算と機会利益の予測

Pro HPTにおける効率性向上とは、アウトプットを一定にしてインプットを低減することにより達成すること、と定義している。ここでいうインプットとは人員の低減であり、BPR-Iの計算とはアウトプットを一定にしてインプットをどれだけ低減し、それが結果的にどれほどの機会利益につながるのかを予測することになる。

この補助機能業務が測定結果によって導かれただけでなく、実際に現場の方々へ現在の業務に関する改善可能性などのインタビューを実施し、プロジェクトメンバーがワークサンプリングで導かれた補助機能業務と現場で実際に起こっている事実を比較した上で検証しておくと、機会利益の予測に信憑性が高まる。

基本機能業務はアウトプットに直接影響する業務であり、目的が排除さ

図表2-23 補助機能の改善達成率

改善値達成率をどこに設定するかで、対策が変わる。

モジュール	対象人員 人	基本機能 %	補助機能 %	改善値 %&人	BPR-I 達成率					
					90 %&人	80 %&人	70 %&人	60 %&人	50 %&人	40 %&人
総務	11人	61%	39%	39%	35%	31%	27%	23%	20%	16%
				4.3人	3.9人	3.4人	3.0人	2.6人	2.1人	1.7人
人事	13人	64%	36%	36%	32%	29%	25%	22%	18%	14%
				4.7人	4.2人	3.7人	3.3人	2.8人	2.3人	1.9人
資材	11人	43%	57%	57%	51%	46%	40%	34%	29%	23%
				6.3人	5.6人	5.0人	4.4人	3.8人	3.1人	2.5人

れない限りその業務そのものを削除することはできない。一方で補助機能業務はアウトプットには直接影響する業務ではないので、削除しても何ら影響がない業務であることもある。言い換えると、補助機能業務こそが機会利益の源泉であり、補助機能業務の改善次第で機会利益の算定は大きく変わってくる。

　図表2-23に記載されているBPR-I達成率とは、補助機能業務の改善達成率である。総務の一つのモジュールの場合、補助機能業務を80％改善することができたならば、人員として3.4人低減できる見込みがある。人間は正数でしか表現できないので、4人の人員低減と考えることが現実的である。この4人にこのモジュールで働く人材の人件費（年俸／人）を掛け合わせると、機会利益が算出される。

　このようにして、70％の場合、60％の場合、50％の場合……として予測を立ててみる。この予測を経営戦略の販売費及び一般管理費における「効

率性が追及される業務に従事しているホワイトカラー」の人件費目標と照らし合わせると、必然的に目標数字が見えてくる。さらに、営業利益との兼ね合いを考慮すると、また異なった目標数字が見えてくるものである。これまで正社員が行っていた業務を契約社員が行っているからといって安易に放置してはいけない。問題は雇用形態ではなく、業務量に見合った人員を投入しているかどうかである。

この予測に関して、ワークサンプリングで回収したデータを元に、さまざまな属性（行動目的、行動内容、業務の計画性、繰り返し性）、及び専門性や性別など、組み合わせの科学によって多くの観方が存在する。それらのデータも参考にしながら、BPR-I目標を設定する。

2.3.4 エフィシエンシーレベル（E；Efficiency）の分析

(1) その業務の測定は可能なのか

業務の処理時間を向上させるためには、その業務そのものが測定可能な業務であることが前提となる。一方で、効率性が追及される業務に従事しているホワイトカラーには測定可能な業務が多く含まれている傾向がある。

それらを確かめるために、ワークサンプリング内において「定例業務、判断業務、創造業務、そして、その他」と分類しているのである。これはエフィシエンシーレベルの分析可能性を探るものでもある。

ワークサンプリングの結果を客観的に観て、定例業務の比率が少ないのであるならば、このエフィシエンシーレベルにおける効率性向上の余地は少ないものと仮説が立てられる。しかし、実際の現場はどうだろうか。果たして、判断業務、及び創造業務のような考えることを期待される業務が大半を占めているだろうか。業務を一つひとつ細かく分解していくと創造性を期待される業務も含まれていると思われるが、それらの業務をまとめた結果、知的創造性を必要とされる業務が大半を占めているならば、むし

図表2-24 効率性向上の余地

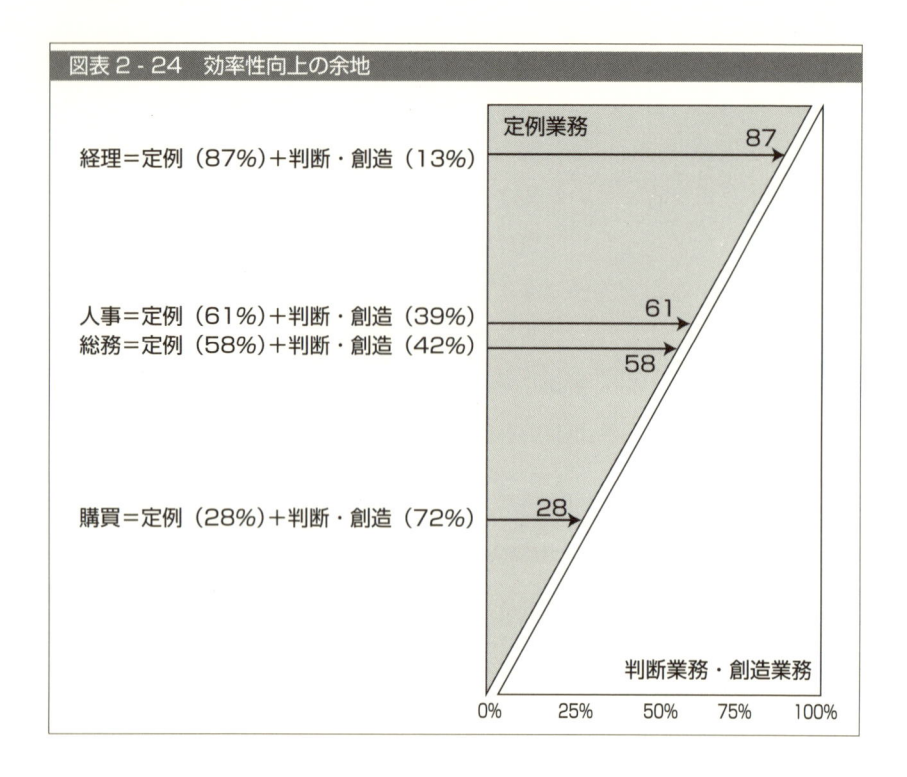

経理＝定例（87％）＋判断・創造（13％）

人事＝定例（61％）＋判断・創造（39％）
総務＝定例（58％）＋判断・創造（42％）

購買＝定例（28％）＋判断・創造（72％）

ろ、効率性の追求ではなく効果性の追求を考えることが期待されるべきである。

そのモジュールに含まれている業務の内、約30％が測定可能な業務、つまり、定例業務がある程度含まれているならば、ここには確実に効率性向上の余地が含まれていると考えてもよい（図表2-24参照）。

(2) 時間意識のない行動は、意志のない行動

業務処理方法をデザインすることによって経営業績に大きく貢献することを確認した後、次に実施するべき改善は、業務処理時間を向上させることである。業務処理方法が同じであっても、担当者によってその業務に投入する時間は変動するものである。期待されるアウトプットレベルはほぼ

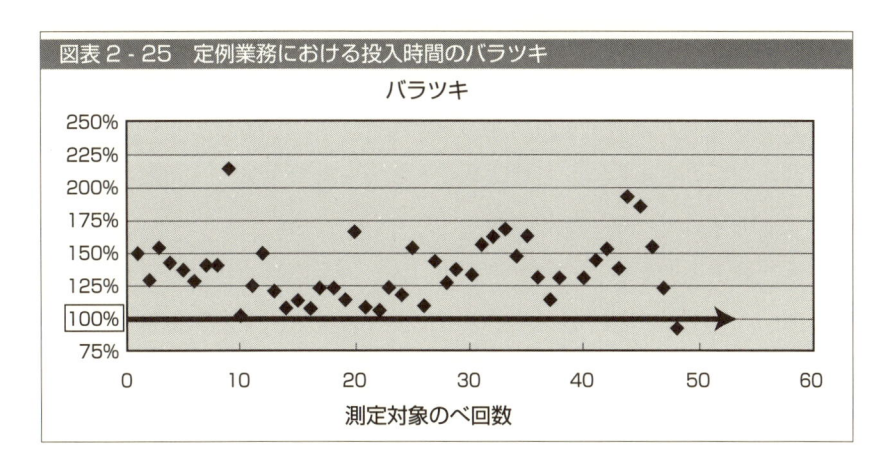

図表2-25 定例業務における投入時間のバラツキ

一定として、投入する時間の変動するバラツキが大きいようでは、効率性を下げてしまっている。定例業務であるならば標準化しマニュアル化されているからこそ、担当者毎に投入時間のバラツキはできるだけ縮めるべきである。

しかし、実際に測定してみると大きなバラツキがある（図表2-25参照）。この図表2-25は、一つの業務において、あるべき人材が投入している時間を参考に標準時間を定義し比較したものである。これには二つの要因が考えられる。一つは、担当者がその業務に集中しているかどうか。もう一つは、担当者の能力やスキルの問題。これら二つの要因の他に外部要因である作業環境、管理者の管理能力などが少なからず影響している。

ただし、外部要因を理由にしてしまうと、対策のある意見よりも不平・不満につながる可能性が高まるのでここでは取り扱わない。むしろ、担当者が一心不乱にその業務に対して集中しているかどうかが重要である。ワークサンプリングを実施してみると見えてくることだが、ある人の些細な質問から始まる多少の世間話などが影響し、投入時間が無目的にダラダラと延長し、集中度合が無意識に低下してしまっていることはよくあるだけでなく、本人がそれらの時間が補助機能業務に属していることに気づい

ていないことが問題である。不幸にも、このような当事者の行動は、その当事者だけでなく関係者の基本機能業務に対する時間までも奪ってしまっているのである。特に、デスクワークにおいては、「忙しそうに見える従業員の多くが、実際にはインターネットなどで暇をつぶし、仕事をサボっている時間も多いことが明らかになっている。勤務時間の約20％を仕事とは無関係の個人的な活動に費やしている。……中略……豪モナシュ大学で心理学を教えるジェームズ・フィリップス教授は、ネットを使って仕事をサボっている従業員は、多くの時間を電子メールのやり取りに費やしており、それら従業員のメール全体の約3分の1は仕事に無関係のものだと指摘している。」との調査結果があるほどである（参考サイト5　ロイター〔2002〕）。

このように同じ業務であっても、意欲的に臨むことだけで処理時間のバラツキに20％～30％の変化が見られる。そもそも、時間意識のない行動は、意志のない行動ともいえる。

トリンプ・インターナショナル・ジャパン株式会社では、がんばるタイムと称して、2時間（／日）、私語、オフィス内の歩き回り、仕事の依頼や確認など個人の職能に関する以外のことを禁止する制度を取り入れて業務の「生産性向上」を目指している（参考サイト2　がんばるタイム、トリンプ・インターナショナル・ジャパン株式会社）。まずは、基本機能業務だけに集中する姿勢が大前提である。

また、定例業務であるならば標準化やマニュアル化が進んでいるからこそ、業務に従事させる前に訓練や教育などを実施し、現場においては一人のプロフェッショナルとして当事者自身が振舞っているべきであろう。

2.3.5　IT化の分析

IT化することによって、業務プロセスの簡素化、そして、効率化が図られていることは言うまでもない。しかし、実際に現場においてそれらが

どこまで機能しているのか、社内のIT化の業務貢献傾向を分析するために、IT化が「望ましい」、「望ましくない」、「改善の余地あり」で一つの業務を分類してもらう。補足までに、「望ましくない」にはIT対象外業務も含まれている。

これらの結果を見ていくと、IT化を導入した目的がよく見えてくる。ITが社内で浸透していると、定例業務比率と基本機能業務比率が向上していることがあるべき姿として仮定される。

しかし、実際はその姿には遠いことが見られる。これにはいくつかの要因が考えられるが、一番の要因としては「IT化する必要のない業務までもがIT化されてしまっている」ことが考えられる。その業務とは補助機能業務である可能性が高い。

補助機能業務比率が高い場合で、さらにIT化が進んでいる職場では「改善の余地あり」の分析結果が見られるだろう。完璧なシステムは存在しないが、結果的に足かせになっているようでは、このような状況を経営者ならばサンクコストと捉えるものである。

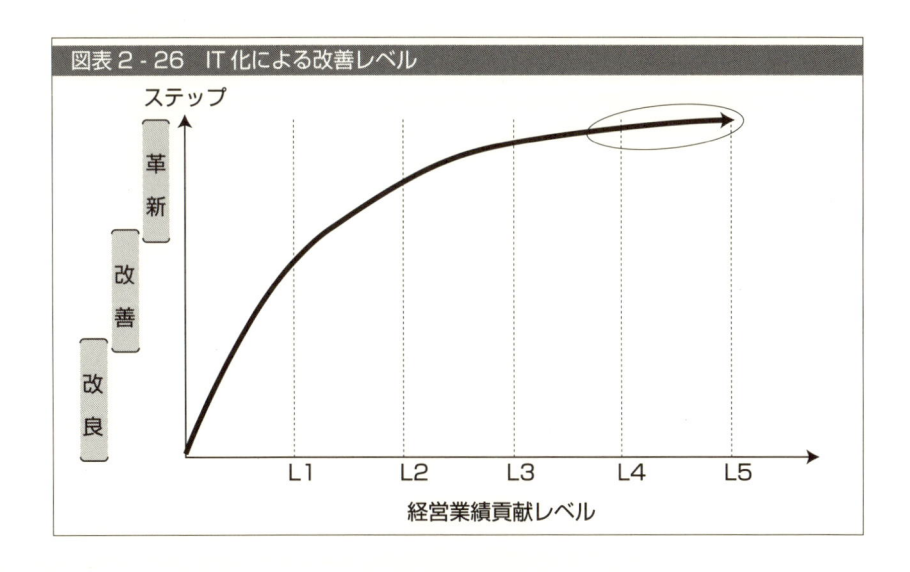

図表2-26　IT化による改善レベル

さまざまな仕組みをITでカバーしてきているが、汎用パッケージでの導入からアドオンまで、そのシステムの質を向上させていくにあたり、基本機能業務と補助機能業務の区分を定義しないままITを導入していては、業務プロセスの簡素化（simplify）というゴールは達成できているかもしれないが、そもそもプロセスの簡素化を求められていない業務（補助機能業務）のIT化までも同時達成しているので、現場においては業務の内容が改良されているだけであって革新（innovation）はしていない（図表2-26参照）。ITは革新ツールであるべきであり、改良、改善ツールは人が智慧を出すだけで対応できるレベルであることも理解しておきたい。

　改善4原則にもあるように、簡素化（simplify）は最終改善に該当する。
1. E；排除（eliminate）
2. C；結合（combine）
3. R；入れ替え（re-arrange）
4. S；簡素化（simplify）

　E・C・Rの段階（以下、ステップ1という）で、まずは人間の手で効率性を向上させておくことによって、最終のSにおけるITを活用した簡素化の段階（以下、ステップ2という）では、驚くべき効率性の向上が期待できるのである。物事には正しい順序があり、ましてやE・C・Rの業務内容をITで代替することは無目的な初期コストを投資していることにつながる可能性が高い。

　ステップ1の段階では、すでに機会利益が実益に変わりつつある段階であり、それを後押しするかのように、ステップ2において、これまで人が介在して成り立っていた業務をITの力で簡素化、もしくは、代替することによって、その機会利益がさらに実益として顕在してくることが予想される。

　効率性という生産性を向上させるために、ITを導入することが前提で

はなく、智慧を出すだけで驚くべき生産性向上を可能にする経営学、経営工学、及び経済性工学の考え方をもっと活用するべきである。必然的にITの導入目的が見え、導入後には想像を超える生産性が向上するはずである。

2.3.6 インタビューの実施

　ワークサンプリングを実施しながら、現場に対してインタビューを開催すると、現場が常日頃抱いている思いや問題意識を共有できる。それらの事実をワークサンプリングの最終結果と比較してみると、測定結果の定量的内容に信憑性が高まる。

　インタビューは集団で行うのではなく、ワン-トゥ-ワン（one to one）で行うことが望ましい。インタビュアーが考慮すべき質問内容は下記の10項目である。

1. あなたは、これまで改善を意識したことはございますか。
2. あなたの業務において、これは何とかしないといけないな、と思う業務は何ですか。
3. あなたの業務において、業務の進め方に不満を感じている業務は何ですか。
4. 常日頃から気になっているあなたが思う無駄な業務とは何ですか。
5. あなたの業務において、他の部署と重複しているだろうと思われる業務は何ですか。
6. あなたの業務において、目的があいまいな業務は何ですか。
7. あなたの業務において、スムーズに進まない業務は何ですか。
8. あなたが思っている効率性向上（or生産性向上）の定義を教えてください。
9. プロジェクトに取り上げてもらいたいテーマを教えてください。
10. 最後に、業務を遂行する中であなたが気になっていることを教えてく

ださい。

補足しておくと、上記の 8. の質問は社内の理解度のバラツキを見ることができる。社内では誰かが率先して旗を振り職場改善（＝効率化向上）に努めているにもかかわらず、それぞれの行動が属人的になっていることがあるが、その要因として言葉の定義がそもそも社内で共有化できていないことが挙げられる場合が多い。

2.3.7　管理職実態調査の実施

(1) 実態調査の目的

　管理職には、強いコスト意識と時間意識が求められる。なぜならば、管理職とはそれぞれの人材の強みを活かして「一人の強み × 一人の強み ＜ 二人以上の相乗効果」を導き、組織の経営業績に貢献するべき役職であるからだ。

　言わば、就業時間中に置いて平平凡凡に時だけを過ごしてもらっては会社からの期待に応えることはできない。その一瞬一瞬を経験する気持ちで業務に臨んでいるのかを定量的に把握することにより、管理職一人ひとりにポジティブな緊張感を抱かせることである。さらに、メンバーに対しても惰性な雰囲気に流されない緊張感を植え付かせることが期待されている。

　本来、業務処理実行レベルを管理する場合、計画的科学管理手法を使って各管理職が管理できていることがあるべき姿であるが、実際の現場においては、「その手の管理手法は製造現場では求められるかもしれないが、ホワイトカラーの我々は特に必要ではないのではないか」と解釈してしまっている組織風土があることも現実である。

　これは大きな間違いである。超が付くぐらいの筋肉質な経営を実践している製造現場の実態を土台にして、21 世紀の企業競争力はホワイトカラー

の知識労働従事者の効果性向上にかかっていることを理解しているならば、同じホワイトカラーの効率性向上を期待される業務の筋肉質な経営は、すでにスタンダードになっていなければならないことと、この手の管理手法を管理職一人ひとりがすでにマスターしておかなければならないはずである。

(2) 管理職実態調査とT型業務®

管理職と言わず、役職が高邁になれば必然的に「考える」業務が求められる。とにかく一生懸命業務に邁進するのではなく、事前にゴールを計画し、そのゴールに到達するべきプロセスを代替案も含めてよく熟考し、そしてゴールに到達するように行動する。つまり、業務時間内において「考える時間」を計画的にどれほど投入しているのか、を把握する必要がある。

図表2-27 管理職のT型業務の実態調査

日付		月 日( )									月 日( )								
		マネジメント業務				会議等		固有業務			マネジメント業務				会議等		固有業務		
時刻	要素	T型業務	教育・指示	実績確認	決裁	調整	社内関係	社外関係	定例業務	特別業務	その他	T型業務	教育・指示	実績確認	決裁	調整	社内関係	社外関係	定例業務	特別業務	その他
8 :	0																				
:	15																				
:	30																				
:	45																				
9 :	0																				
:	15																				
:	30																				
:	45																				
10 :	0																				
:	15																				
:	30																				
:	45																				
11 :	0																				
:	15																				

しかし、「ただ考えている行動」が重要なのではなく「どんなテーマに対して、何のために考えているのか」が重要である。その役職において経営業績に貢献するべくテーマにどこまで計画的に時間資源を配分しているかが重要である。この類の業務をTarget Time型業務（T型業務）®という。管理職を含め成果主義で評価されている役職の方々にはT型業務®をいくつ抱えているかで組織の将来の成長性が期待できるものである。

　時間意識のない行動は意志のない行動である。意識と行動が一致していることを把握するためにこの調査は実施する（図表2-27参照）。

(3) ビジネスワードアンケート

「行動する」ことが期待されていることは言うまでもなく「考えながら動いている」管理職だからこそ、考えるためのインプットが必要である。

図表2-28　ビジネスワード アンケート

用語認知度

会社名；
部署名；
名前；
年齢；　　　歳
役職；
職務内容

下記の用語に関して、当てはまる所に、『○』を付けなさい。

No.	用語	知らない	知っている	定義を理解しており、ヒトに説明できる	（言葉や考え方を）実践で使用できる（している）
1.	パフォーマンス				
2.	マズローの欲求五段階				
3.	管理会計				
4.	PER				
5.	戦略				
6.	マーケティング				
7.	顧客				
8.	消費者				
9.	IE				
10.	ROA				

そもそも役職が高邁になればなるほど、自ら学習する量は必然的に増えるものである。また、学習する行動は、人が見ていないところで粛々と行うものである。

そこで、現在保有しているビジネス知識のバランスはどうなのか、それらの知識が実際に現場で使えるレベルなのかどうか、を知るためにビジネスワードアンケートを実施する。

このアンケートは、「CSR、会計・財務、経営工学、戦略、人・組織、マーケティング」の6つのジャンルに関係する「ビジネスワード74設問」がランダムに記載されており（図表2-28参照）、知識の偏りを分析する。

これらの結果を元に、人材育成プログラムをオリジナルに構築することにも役立たせることはできる。

2.3.8 ワークサンプリング実施日程

ワークサンプリングを対象にするモジュール数にも影響するが、物事は

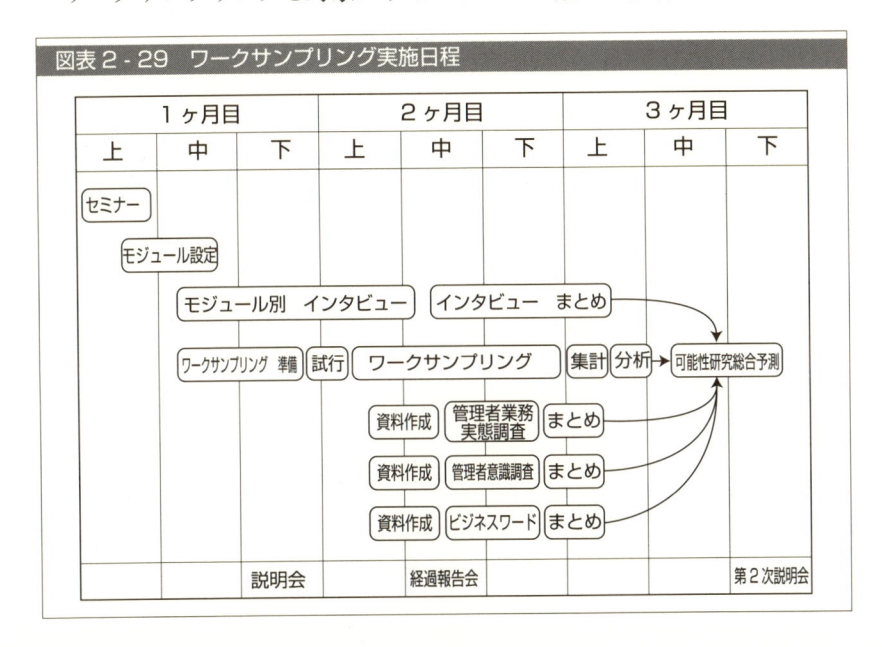

図表2-29 ワークサンプリング実施日程

1ヶ月目			2ヶ月目			3ヶ月目		
上	中	下	上	中	下	上	中	下

（セミナー、モジュール設定、モジュール別インタビュー、インタビューまとめ、ワークサンプリング準備、試行、ワークサンプリング、集計、分析、可能性研究総合予測、資料作成、管理者業務実態調査、まとめ、資料作成、管理者意識調査、まとめ、資料作成、ビジネスワード、まとめ、説明会、経過報告会、第2次説明会）

四半期毎に経過報告できる状態が経営者にとってはありがたい。したがって、ワークサンプリングの実施も3ヶ月で区切りのつくモジュール数にむしろ絞って実施することが望ましい（図表2-29参照）。

　最終的には実益を求めるべくワークサンプリングを実施していくため、組織のあらゆるモジュールを対象にして実施したいものだが、そのためにはプロジェクトメンバーを増員することが前提になる。しかし、そもそも余剰の人員が当初からいるわけではないからこそ、まずは規模が小さくてもよいので成功事例を一つひとつ作ることが望ましい。

第3章
事例紹介；機会利益と業務内容

3.1 Pro HPT 対象の定義

　機会利益を算出するワークサンプリングを実施する前に、その対象を定義する。ワークサンプリングの対象となる領域はさまざまであるが、Pro HPT の対象となるのは業務処理レベル（図表 1 - 13 参照）とする。

　たとえば、管理職レベル（図表 1 - 13 参照）の業務内容には、計画性の高い業務量のウェートが業務処理レベルの業務内容と比較して異なるため、科学的管理できない業務が多分に含まれていることが予想される。そのような状況をワークサンプリングによって機会利益を算出することには信憑性が欠ける可能性が高い。したがって、管理職レベルにおける業務は行動を科学的管理し、それらが成果につながる可能性が約束できないからこそ、成果そのものを管理することが望ましくなる。

3.2 パレート分析と機会利益

　Pro HPT 対象職種に対して、何らかの効率化対応を実施していない会社は現代においてはほぼ皆無だろう。実際、さまざまな IT（information technology）がすでに導入されているものである。しかし、効率化対応と称して導入された IT が、経営業績にどれくらい寄与しているのかを定量的に見せてほしい、と依頼しても「明確な数字は正直よくわからない」という返事が返ってくる場合がある。これは測定対象の定義、及び測定そのものが実施できていない、と解釈できる。測定ができずしてマネジメントができているとは到底言うに及ばない。

　ある会社では数十億を投資して基幹系システムを導入したようだが、財務諸表を拝見させていただくと、これらのシステム導入が経営業績に寄与している足跡が見えない。むしろ、初期投資したことによってその会計年

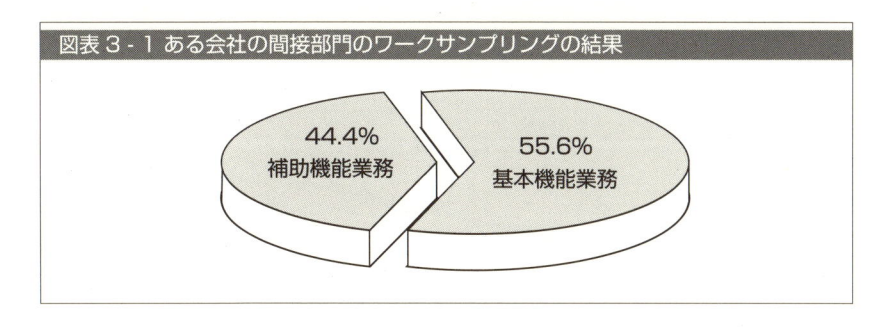

第3章　事例紹介：機会利益と業務内容

図表3-1　ある会社の間接部門のワークサンプリングの結果

44.4%　補助機能業務
55.6%　基本機能業務

度内においては利益創出を圧迫しているのが現状であった。たとえ減価償却できるとしても、システム導入する目的は何だったのだろうか。

　図表3-1は、ある会社の間接部門を対象に実施されたワークサンプリングの結果である（図表3-1参照）。基本機能業務比率が55.6%であった。業務測定開始前の仮説としては、システム導入などがすでに終わっていることから「基本機能業務：補助機能業務＝85：15」、もしくは、「80：20」くらいを予想していたが、実際は、約「55：45」である。

　繰り返しになるが、言葉の定義として「基本機能業務とは成果に直結する業務」であり、「補助機能業務とは基本機能業務を補助する業務」としている。望ましい姿としては、「基本機能業務100%」であり、ここまで近づくためには補助機能業務をどこまで改善するかを日々熟考することがそのまま経営業績につながることになる。この基本・補助の業務区分こそが、「利益創出に寄与する業務項目合計とそれらの改善目標値を算出」することにつながるのである。

　さらに、ワークサンプリングを実施することによって、その業務内容の詳細が見えてくる（図表3-2参照）。「マネジメントができる」ということは「測定ができている」といえることから、対象となる業務内容が詳細に見えること、及び、各々の改善目標値が一緒に見えることによって、改善業務の優先順位、そして、改善に対する努力の度合がイメージできるの

図表3-2 業務内容の詳細

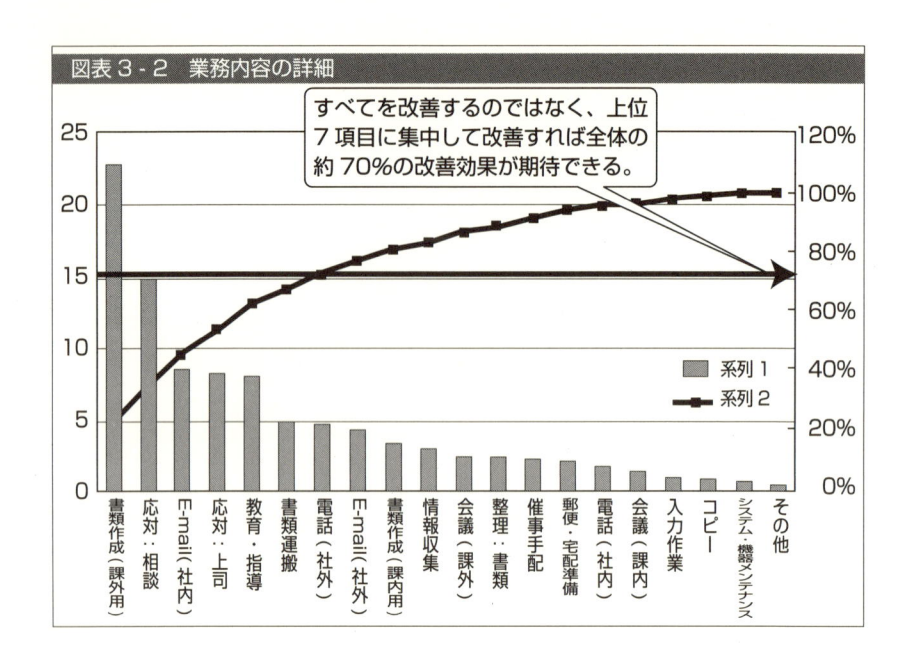

すべてを改善するのではなく、上位7項目に集中して改善すれば全体の約70%の改善効果が期待できる。

系列1／系列2

書類作成（課外用）／応対：相談／E-mail(社内)／応対：上司／教育・指導／書類運搬／電話(社外)／E-mail(社外)／書類作成(課内用)／情報収集／会議(課外)／整理：書類／催事手配準備／郵便・宅配／電話(社内)／会議(課内)／入力作業／コピー／システム・機器メンテナンス／その他

である。結果、改善するべき緊張感が高まる。

　この結果によれば、改善業務項目の上位7項目だけで補助機能業務全体の約70％を占めていることがわかる。

　ここで、各業務内容と補助機能業務に相当する人件費を比較してみる（図表3-3参照）。この一覧表によると、大きな機会損失を生みだしている業務内容は、「書類作成（課外用）」業務であり、この業務を徹底改善することによって営業利益に大きく貢献することは言うまでもない。このように定量測定することによって改善努力の対象と度合が定義できる。

　補足までに、この会社においては効率化運動の一環として「コピー用紙、プリントアウト用紙の裏紙使用」を掲げて徹底していた。裏紙を再利用することでいかにも無駄を取り除いているような雰囲気を感じられるが、この業務が経営効果として顕著に表れていないことを理解しておきたい。一生懸命取り組んでいる業務が経営効果と強く関係が保たれていない事実が

図表3-3 業務内容の人件費

NO	補助機能業務内容	人件費小計	人件費累計	累計比率
1	書類作成（課外用）	¥9,880,120	¥9,880,120	23.0%
2	応対；相談	¥6,443,556	¥16,323,676	38.0%
3	E-mail（社内）	¥3,737,263	¥20,060,939	46.7%
4	応対；上司	¥3,608,392	¥23,669,331	55.0%
5	教育・指導	¥3,522,478	¥27,191,808	63.2%
6	書類運搬	¥2,147,852	¥29,339,660	68.2%
7	電話（社外）	¥2,061,938	**¥31,401,598**	**73.0%**
8	E-mail（社外）	¥1,890,110	¥33,291,708	77.4%
9	書類作成（課内用）	¥1,503,497	¥34,795,205	80.9%
10	情報収集	¥1,331,668	¥36,126,873	84.0%
11	会議（課外）	¥1,073,926	¥37,200,799	86.5%
12	整理；書類	¥1,073,926	¥38,274,725	89.0%
13	催事手配		¥39,305,694	91.4%
14	郵便・宅配準備		¥40,250,749	93.6%
15	電話（社内）		¥41,023,976	95.4%
16	会議（課内）		¥41,625,375	96.8%
17	入力作業	¥429,570	¥42,054,945	97.8%
18	コピー	¥386,613	¥42,441,558	98.7%
19	システム・機器メンテナンス	¥343,656	¥42,785,215	99.5%
20	その他	¥214,785	¥43,000,000	100.0%
	合計	¥43,000,000		**100.0%**

> すべてを改善するのではなく、上位7項目に集中して改善すれば全体の約70%の改善効果が期待できる。

見えると、モチベーションは下がるものである。一方で、裏紙を使用する姿勢が不必要と言っているのではない。つまり、コピーなどの業務はあくまでも補助機能業務の一部であり、経営業績ウェイトが全く低いことを今一度強く認識する必要がある。

3.3　補助機能業務の詳細

【No 1. 書類作成（課外用）；988万円／年】
システムが導入された結果、資料作成が容易にみえたのか、部門を超え

たさまざまな資料の作成オーダーが舞い込んできた。しかし、目的が明確でない業務が多い。どうも、各部門にとっての重要な資料作成の依頼になっているように推察される。一方で、各部署がシステムを活用しきれていないことも仮説として挙げられる。

【No 2. 応対；相談；644万円／年】

インタビューからもヒアリングであがってきた内容の一つであったが、相談と称した会話が多い。実際は、システムの使い方などに関して相談することがキッカケであったにもかかわらず、一度会話が始まると、以外と安易に10分、15分と経過していることが気にはなっていたようだが、数字で見るとこれだけ顕著に表れた。

一方で、「伝えた」、「伝いえていない」という行き違いから発生してしまった相談業務も多く、結果、同じ伝達内容を複数回に渡って伝達せざるを得ない。

【No 3. E-mail（社内）；373万円／年】

パソコンの前で業務に従事している限り、外から見ると何らかの業務を行っているように映るが、では、そのE-mailが基本機能業務なのか補助機能業務なのかを観測した結果である。モジュール担当者にとって補助機能業務対象のE-mail作業はゼロが望ましい。

【No 4. 応対；上司；360万円／年】

目的が曖昧な上司とのやり取りは、就業時間内ではできるだけ削減されるべきである。

【No 5. 教育・指導；352万円／年】

「教育・指導」は基本機能業務ではないか、と思われた方もおられると思うが、ポイントは「いつ教育・指導業務を行っているか」である。現場においてその場で注意や指導することは重要なことであると同時に、そのような注意や指導の頻度が多くなるということは、そもそも事前の教育内容が徹底できていないことが原因である。

その場で注意や指導を受けても何ら主体性のない人には右から左に流れてしまう。むしろ、教育・指導を定期的な時間を確保して計画的に行うことの方が望ましい。そして、それらのステップを高めて最終的には就業時間内で教育・指導業務をできるだけゼロにすることが望ましい。

現場で上司がフォローしてくれる、という安易な気持ちが現場の業務にミスやロスを生みだしてしまうものである。就業時間内では成果に直結した業務に従事することが望ましいし、関係者はそこを期待している。

【No 6. 書類運搬；214 万円／年】
　書類の運搬業務は必要不可欠ではなく、運搬する移動距離が短くなればこれらはさらに改善できて、他の業務に時間を投入できる。一歩短縮するだけでも改善である！　いかに移動せずに業務を遂行するかを追求するべき項目である。

【No 7. 電話（社外）；206 万円／年】
　モジュール担当者にとって補助機能業務対象の電話作業はゼロが望ましい。

【総務合計．4,300 万円／年】
　一人当たりの就業時間 8 時間の内、「3.5 時間（＝ 8H × 44.4％）《補助

機能業務比率》」が成果に直結しない業務に投入されていたことになる。これらを人件費換算すると、総額人件費約 9,600 万に対し約 4,300 万円（／年）相当が補助機能業務に投入していたことになる。経営者であるならば、このような状態に強い危機感を抱くものである。

　したがって、このような測定を行い機会損失が発生していないかどうかを周期的に測定できる仕組みを組織内に導入していることが望ましい。
　機会損失は文字通り損失であるからこそ発生させてはいけないだけでなく、経営が苦しくなる時は、往々にして機会損失を管理できていない事例が過去の経営には多い。
　人間は機械ではないので余裕も必要である。しかし、間接部門における業務は 100％基本機能業務が望ましく、だからこそ計画的科学管理できる対象でもある。100％は実際には不可能と思われるが、目標値とは挑戦的な数字であるからこそ当事者は「どうにかするために考える」行動が喚起されるのである。人間とは自分に巧妙な嘘をつく動物である。「実現可能性・不可能性」を問えば、自ら考えていない場合、ほぼ 100％「不可能である」と答えるものである。冒頭にも書いたように、定量的目標を設定する目的は努力の度合を示すことである。
　一方で、この結果を次のように見ることもできる。過去と現在の投入人員数が変化しない中で現在の 44.4％もの補助機能業務が発生しているのは、業務量が過去と比較して減少しているからではないか、という仮説である。この仮説も正しい。つまり、過去の経営状態においては業務量と投入人員数のバランスが取れていたとしても、経営の業績が低下してきている中で、必然的に投入人員数も低減させないとアンバランスになる。余剰人員が顕在化してきているにもかかわらず放置しておくことは、経営管理を放棄しているといわれても仕方ない。

3.4　経営業績への貢献

　経営を継続させていくためには、二つの視点が必要である。一つは安定的に売上（＝効果性の向上）を向上させることであり、もう一つは計画的に不必要な投入資源（＝効率性の向上）を削減していくことである。よって、効率性を追求する計画的科学管理対象となる領域には、積極的にメスを入れていくことが経営には求められる。筋肉質な経営とは計画的科学管理対象である組織機能が確実に管理できている状態をいう。

　測定結果をふまえて改善可能性予測を見てみよう（図表 3 - 4 参照）。この会社では、4つのモジュールを対象に実施した。結論から申し上げると約 1 億 4 千万円（条件；補助機能業務が 100％改善された場合）が成果に

図表 3 - 4　補助機能業務の改善達成率と機会利益						
	達成率 100％		達成率 90％		達成率 80％	
職種	低減可能人材数	機会利益（千円）	低減可能人材数	機会利益（千円）	低減可能人材数	機会利益（千円）
モジュール A	4.9 人	21,978	4.4 人	19,780	3.9 人	17,582
モジュール B	12.4 人	50,971	11.2 人	45,874	9.9 人	40,777
モジュール C	10.2 人	42,890	9.2 人	38,601	8.2 人	34,312
モジュール D	4.4 人	22,644	4.0 人	20,380	3.6 人	18,115
合計	32.0 人	138,484	28.8 人	124,635	25.6 人	110,787
	達成率 70％		達成率 60％			
職種	低減可能人材数	機会利益（千円）	低減可能人材数	機会利益（千円）		
モジュール A	3.4 人	15,385	2.9 人	13,187		
モジュール B	8.7 人	35,680	7.5 人	30,583		
モジュール C	7.1 人	30,023	6.1 人	25,734		
モジュール D	3.1 人	15,851	2.7 人	13,586		
合計	22.4 人	96,939	19.2 人	83,090		

補助機能業務を改善することによって、約 1 億 1,000 万（達成率 80％）もの機会利益が潜んでいる事実を、あなたが経営者ならどう観る？

直結しない業務に投入されていたことが測定された。これはそのまま機会損失であり、言い換えるならば、目的に応じてこの人件費を運用すれば、そのまま機会利益になる可能性が潜んでいる事実を、経営に携わっている方々にはぜひ注意を払っていただきたい。

　実際にこの会社では合計約22名の人材を改善効果として余剰させた。改善達成率は約69％である。1億4千万円の機会利益が約9,500万円の実益可能性利益につながったことを意味する。経験的に申し上げると改善達成率は約80％までは可能である。

　以上のように経営を継続させていくためには、マクロ要因に影響される売上を計画管理する以上に、投入資源の稼働率を把握して「適材適正適所適数」を実施し、投入資源の一つである間接部門の人件費を計画的に科学管理することがますます必要とされる。これまで正社員が行っていた業務を契約社員へ切り替えたので効率性が図られている、というだけでは、科学的管理ができているとは、言い難い。

　経営には順序があり、そしてバランスが必要とされる。

第 *4* 章
機会利益を実益に変える

4.1　Pro HPT を実施する 8 つのステップ

ワークサンプリングを実施することによって、組織内に潜んで見えていなかった利益の源泉が機会利益として顕在してきた。この機会利益を実益可能性利益を介して実益に変える（図表 4-1 参照）。

4.1.1　標準化

既存の業務内容を改善することで効率性を高めるのであるから、現状の業務モデルを標準化する必要がある。

初めに、対象となる一つのモジュールに関係する業務の一覧表を作成する。これをタスクプロファイルという（図表 4-2 参照）。一つのモジュールに属する業務の関係性を一枚で完成させることによって、一つの改善がどの業務にどのように影響してくるかが見えてくる。また、このタスクに記載される業務は、細かく見るのではなく、モジュールが仕事のかたまりであったのに対して、ブロックは業務のかたまりと理解しても良い。たとえば、「人事」というモジュールには、「異動＋効果＋勤怠＋賞与＋社内規則……」というように、そのモジュールを形成している業務各々を一つの

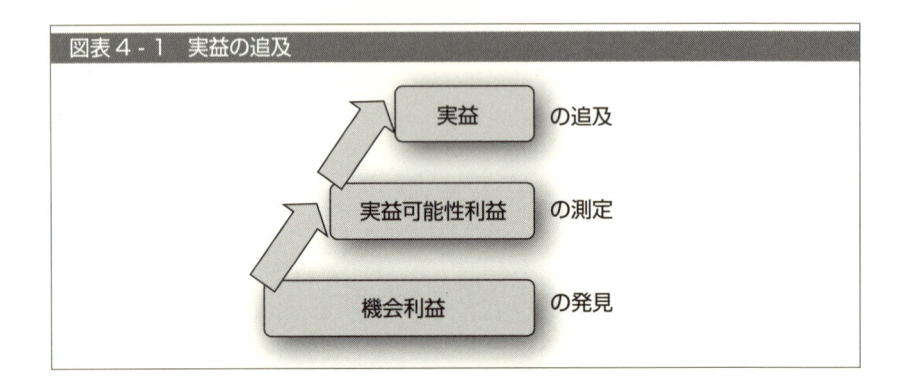

図表 4-1　実益の追及

実益 の追及
↑
実益可能性利益 の測定
↑
機会利益 の発見

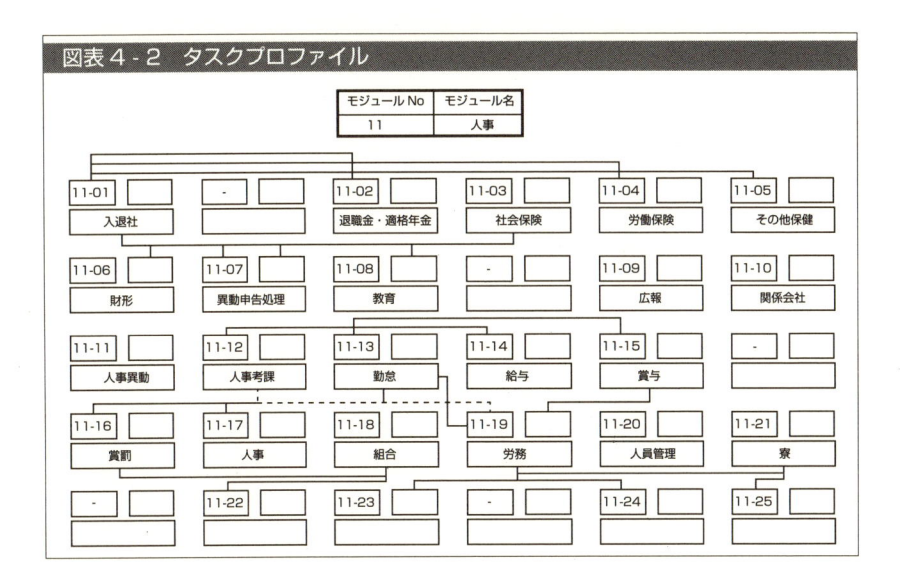

図表4-2 タスクプロファイル

モジュールNo	モジュール名
11	人事

No	名称
11-01	入退社
11-02	退職金・適格年金
11-03	社会保険
11-04	労働保険
11-05	その他保健
11-06	財形
11-07	異動申告処理
11-08	教育
11-09	広報
11-10	関係会社
11-11	人事異動
11-12	人事考課
11-13	勤怠
11-14	給与
11-15	賞与
11-16	賞罰
11-17	人事
11-18	組合
11-19	労務
11-20	人員管理
11-21	寮
11-22	
11-23	
11-24	
11-25	

タスクと考える。

次に、タスクプロファイルで改善されるべき業務の仕事量を、WU（work unit；業務処理時間／単位）とWC（work count；業務処理頻度／単位）に分解して設定する。WUは1回当たりの処理時間を表し、単位は分を使用する。WCは年、月、週にその業務が発生する頻度を表す。効率性が追及される業務に従事しているホワイトカラーの業務においては、仕事量総計を年間で算定する必要があるから、各月単位での発生する業務を明確にしておくために、WCは定常月の業務、及び特定月の業務に分けて設定することが望ましい。

では、このWUとWCであるが、どのように測定するのか。製造現場のようにストップウォッチを片手に、それぞれが担っている業務を測定するのではない。標準的な業務であっても、担当者の気分や体調、そしてスキルなどによって業務処理時間がばらつくことが考えられる。そこで、最頻値（M；mode）、楽観値（O；optimistic）、非観値（P；pessimistic）に

図表4-3 現状標準化モデル調査表

現状標準化モデル　調査表

モジュール名；

アウトプット		現在機能（詳細）	Output No	機能分類	WU（分／回）		
プロセス			Process No	基1：補2	To	Tm	Tp

分けて設定する（図表4-3参照）。つまり、M・O・Pとは、あるべき姿の中でよく発生する時間（M）、よく発生する時間の楽観値（O）、よく発生する時間の非観値（P）であって、現在発生している最大値、最小値ではない。

　この設定時において、WUのOとP、WCのOとPのバラツキが大きい場合は、業務の分析を見直す必要がある（図表4-4参照）。見直すとは、業務をさらに細かくすることである。たとえば、E-mail。社内E-mailと社外E-mailに分割してみるとバラツキが少なくなるが、「E-mail」で括って

第4章 機会利益を実益に変える

モジュールNo；													部　　　　課　　年　　月　　日　提出			記入者	管理者
																印	印

発生時期（月）	WC（回／週）											
	第1週			第2週			第3週			第4週		
	Co	Cm	Cp	Co	Cm	Cp	Co	Cm	Cp	Co	Cm	Cp
E 1 2 3 4 5 6 7 8 9 10 11 12												
E 1 2 3 4 5 6 7 8 9 10 11 12												
E 1 2 3 4 5 6 7 8 9 10 11 12												
E 1 2 3 4 5 6 7 8 9 10 11 12												
E 1 2 3 4 5 6 7 8 9 10 11 12												
E 1 2 3 4 5 6 7 8 9 10 11 12												
E 1 2 3 4 5 6 7 8 9 10 11 12												
E 1 2 3 4 5 6 7 8 9 10 11 12												
E 1 2 3 4 5 6 7 8 9 10 11 12												
E 1 2 3 4 5 6 7 8 9 10 11 12												
E 1 2 3 4 5 6 7 8 9 10 11 12												
E 1 2 3 4 5 6 7 8 9 10 11 12												

『オフィス生産性技術活用マニュアル』（坂本重泰〔ほか〕共著）を参考に、著者が作成。

しまうとバラツキが大きくなるという場合。

　特に、WUである業務処理時間は、その現場における平均的な業務処理時間をベースとするために、新人や未経験者は調査対象から外しておいた方がよいだろう。

　実際に採用する数値を求める算出方法は、図表4-5の通りである。つまり、仕事量とは、

@＝WUの選択値×WCの選択値

となる。

図表4-4　O、M、Pの概念

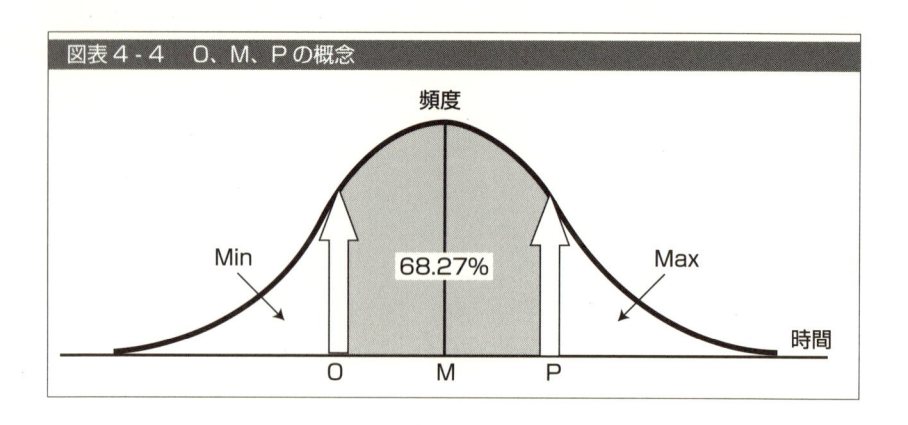

頻度／時間のグラフ。Min側からMax側へ広がる正規分布曲線上に、O、M、Pの点が示され、OからPの区間が68.27%と示されている。

図表4-5　WU(Work Unit) と WC(Work Count) の算出法

★WU；T（時間値）の選択値　　$\dfrac{To+2Tm+Tp}{4}$

★WC；C（頻度）の選択値　　$\dfrac{Co+2Cm+Cp}{4}$

　さらに、この仕事量を実際に何人の人材で対応すればよいのかを求める。仕事量が1時間分の業務を1時間で終えるならば1人分（＝1時間分÷1時間）の人材数が必要になり、30分（＝0.5時間）で終えるならば2人分（＝1時間分÷0.5時間）の人材数が必要になる。

　このように、仕事量に必要とされる時間をRPT（required present time）という。

4.1.2　インプットとアウトプットの定義

　アウトプットとは、業務処理から導きだされるサービスそのものである。このアウトプットの定義がデザイン発想を促し、業務処理の改善につながる。結果、アウトプットを導くために必要なインプットも定義できる。

インプットとアウトプットをつなげるのが業務処理方法であり、ここでは、アウトプット、及びインプットの現状から見直しを図る。

4.1.3 BPR-Iの設定

それぞれのアウトプットは複数の業務処理（以下、プロセスという）から成り立っている。そして、このアウトプットがモジュールに直接影響を及ぼす機能（基本機能業務）なのか、そうでない機能（補助機能業務）なのかを検討する。この段階でアウトプットの基本機能業務、補助機能業務区分が行われていることになる。

したがって、プロセスにおける基本機能業務、補助機能業務区分が可能になる。アウトプットが基本機能業務であるならば、そこに含まれるプロセスの基本機能、補助機能はよく検討する必要があるが、アウトプットが補助機能業務であるならば、そこに含まれるプロセスはすべて補助機能といえる。

このようにして、プロセスの機能区分が行われる。

それらをすべて統合すると、そのモジュールにおけるBPR-Iが設定されることになる（図表4-6参照）。現在の人員から基本機能業務分の人員数を差し引くと、BPR-Iが設定できる。この数値は基本機能業務が100％の場合であるが、実際はそのようなことはありえない。BPR-I達成率は80％

図表4-6　BPR-Iの設定

モジュール	総務			
現在人員	モデル			改善値
	基本	補助	計	
人	人分	人分	人分	人分
14	3.4	6.9	10.3 (=3.4+6.9)	10.6 (=14-3.4)
100%	24%	49%	74%	76% (=10.6÷14)

改善値達成率は、60％～70％が目標

くらいを見ておくとよい。80％の補助機能業務が改善されれば、現場は高い効率性向上効果を招いているはずである。

4.1.4　詳細設計とブレーンストーミング

業務処理方法をこれから設計していくわけだが、そこで使用するフレームワークとして、検討の原則である「5W1H」、及び、冒頭でも紹介した着想の原則である「改善4原則」を活用する。

(1) 5W1H

目的（what）、いつ（when）、どこで（where）、誰が（who）、どんな方法で（how）についてその理由（why）を、常に疑問を持って問う検討の原則。

(2) 改善4原則

(a) 排除の原則（E；eliminate）

検討の原則における目的（what）、その理由（why）を中心に、まず、その業務の目的を追求する。その業務はそもそも何のために、誰のために行われているのか。なぜ、このモジュールにとって必要なのか。もし必要であるならば、そのすべてのプロセスが必要なのか、と健全に疑うことである。そして、目的を不要にするべくアイデアを出す。ここでは、その目的を排除することを前提に進める。目的が排除されれば、その業務そのものが無くなる。結果、改善の中で一番大きな効率性向上が期待できる。

間接業務の費用対効果を高める方法としては、目的に合致しない不要な業務の排除（図表4-7参照）の実施は、オフショアリングやアウトソーシングと同等の効果があるが、実施する難易度が全く異なる事実を無視してはいけない（参考文献20　Paul〔2007〕p.17）。

(b) 結合の原則（C；combine）

検討の原則におけるいつ（when）、どこで（where）、そして誰が（who）

図表 4 - 7　目的に合致しない不要業務の廃止

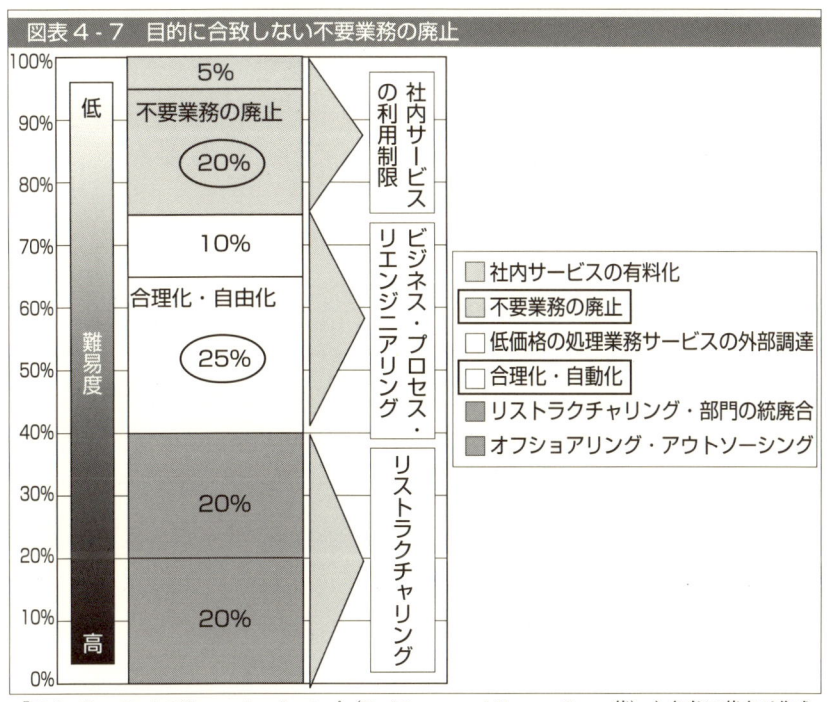

難易度	割合	施策	分類
低	5%	不要業務の廃止 20%	社内サービスの利用制限
	10%	合理化・自由化 25%	ビジネス・プロセス・リエンジニアリング
	20%		リストラクチャリング
高	20%		

凡例：
- 社内サービスの有料化
- 不要業務の廃止
- 低価格の処理業務サービスの外部調達
- 合理化・自動化
- リストラクチャリング・部門の統廃合
- オフショアリング・アウトソーシング

『Make Your Back Office on Accelerator』（Paul Rogers and Herman Saers 著）を参考に著者が作成。

を中心に、その業務の進め方を結合できるアイデアを出す。

時期や人、そして、場所のいずれかを結合することを目標とするのが、手段の結合ではなく機能の結合を熟考することが望ましい。結果、一部の業務が排除されていることがあるべき結合の原則の姿である。

したがって、結合の結果、これまでの処理時間が短縮されることがなければ、ただの付け替えに過ぎないことも同時に理解しておくべきである。

(c) 入れ替えの原則（R；re-arrange）

検討の原則におけるいつ（when）、どこで（where）、そして誰が（who）を中心に、その業務の入れ替えアイデアを出す。この入れ替えは、結合の原則（C；combine）を考えながら同時に実施することが望ましい。

(d) 簡素化の原則（S；simplify）

これまで行ってきた、E、C、Rにおいて改善することができなかった業務を、検討の原則におけるどんな方法（how）を中心に、その業務を簡素化させるアイデアを出す。

簡素化とは、プロセスの部分的な改善、そしてITなどのシステム化を意味するものであり、これらは業務処理時間の向上に大きく寄与することであろう。

一般的に改善を考えるときは、この簡素化の改善が考えやすいので安易に取り組んでしまいたくなるものである。しかし、簡素化するために、多大なる初期投資を必要とするアイデアは、経営業績に貢献しているとは言えず、したがって、改善とは、「E ⇒ C ⇒ R、そして、⇒ S」の順序で行うことが原則である（図表4-8参照）。Sは、投資すればいくらでもアイデアは出てくる。それは改善の対策ではなく、システムや機器の導入方法を検討していることになる。だから、Sは一番後に検討する。この順序は非常に重要である。

つまり、生産性向上を専門とするコンサルタントとSE（system

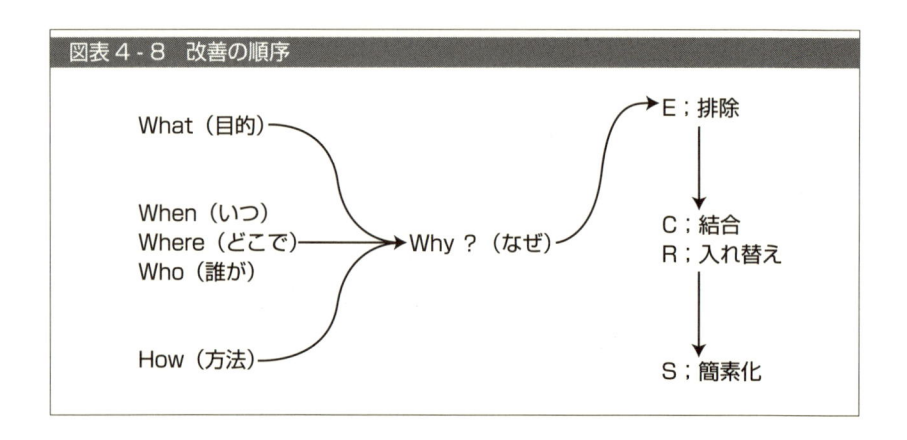

図表4-8 改善の順序

```
What（目的）────────────────┐
                             ↓         → E；排除
When（いつ）                                ↓
Where（どこで）────→ Why？（なぜ）    C；結合
Who（誰が）                              R；入れ替え
                             ↑              ↓
How（方法）──────────────────┘         S；簡素化
```

図表4-9　詳細設計

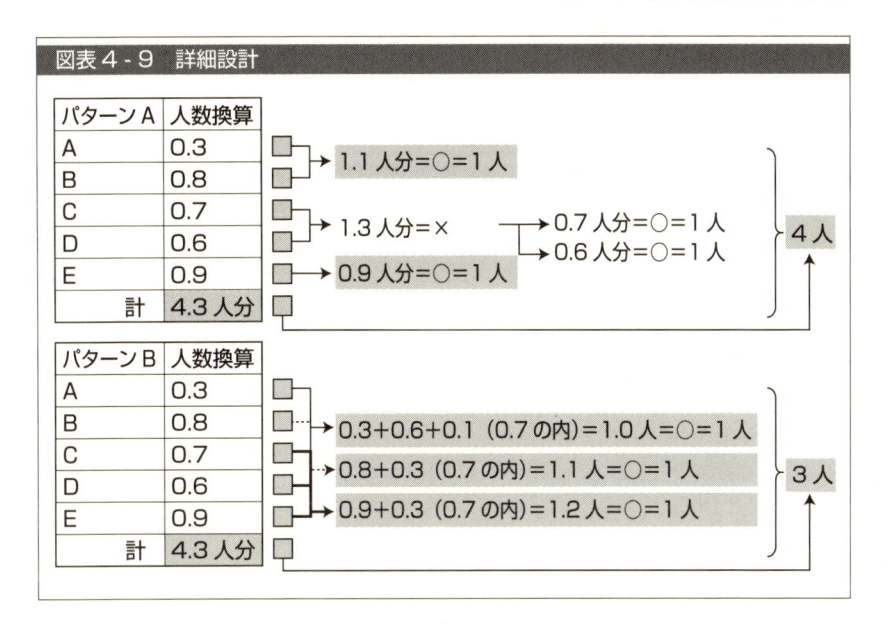

パターンA	人数換算
A	0.3
B	0.8
C	0.7
D	0.6
E	0.9
計	4.3人分

→ 1.1人分=○=1人
→ 1.3人分=× → 0.7人分=○=1人
　　　　　　　→ 0.6人分=○=1人
→ 0.9人分=○=1人
　　　　　　　　　　　　　　　　} 4人

パターンB	人数換算
A	0.3
B	0.8
C	0.7
D	0.6
E	0.9
計	4.3人分

→ 0.3+0.6+0.1 (0.7の内)=1.0人=○=1人
→ 0.8+0.3 (0.7の内)=1.1人=○=1人
→ 0.9+0.3 (0.7の内)=1.2人=○=1人
　　　　　　　　　　　　　　　　} 3人

engineer）は、本来、融合すべきであり、このコラボレーションに、驚くべき生産性を向上させる可能性が存在しているはずである。

　これらの検討を繰り返しながら、一人当たり最大約1.2人分の仕事量を設定できるように詳細設計を行う（図表4-9参照）。一人当たりの仕事量が1.2人分に満たない場合は再度、アイデアを求める。

　一人当たりの仕事量を1.0人分ではなく1.2人分で見積もるには理由がある。効率性が追及される業務に従事しているホワイトカラーの業務に対する効率性は、約20％～30％が自然にぶれるものである。また、現状の標準化モデルを設定するために回収したO, P, Mのデータは個人の自己申告によるものであり、これらがあるべき姿のO, P, Mと20％～30％ぶれている場合がある。むしろ、それ以上ぶれている場合はデータを再回収する必要がある。

　一方で、8H労働（／人）とは、就業時間であって稼働時間ではない。

図表4-10　Bさんだけ再考する

担当者	人数換算	目標	差異	対象
Aさん	1.2人分	1.2人分	0	×
Bさん	1.3人分	1.2人分	0.1	○
Cさん	1.1人分	1.2人分	△0.1	×

この場合、Bさんの0.1人分だけの仕事を対象にすればよいのであって、たとえば、「0.4人分」も減らす必要はない。
もし、「1.3人分−0.4人分＝0.9人分」は、改善のやり過ぎになる。ただ、そこまでやるなら、「A＋B＋C＝3人」でやるのではなく、「A＋B＝2人」にする必要があるかもしれない。

つまり、稼働率としては80％ぐらいになると予想されるからこそ、20％〜30％をオーバーに設定していくことが望ましい。

よって、1.0人分で見積もることは甘い見通しになる。Bさんの場合のみ、再度考えなおす必要があるだろう（図表4-10参照）。

また、このE、C、R、Sにおいてはブレーンストーミング（以下、BSという）という手法で繰り返しアイデアを創出していく。

BSは、「グループディスカッションによる創造的アイデア捻出法」と呼ばれ、1941年に、B.B.D.O広告社のオズボーン（A, F, Osborn）が広告のアイデアを生み出すために工夫された手法である。BSの最大の特徴は以下に述べるような障害を最小限にすることであり、一番効果が出る方法とみなせる。

・刺激がなくても教育や育ちがあると、あるルールを守ろうとすること。
・権限が想像力を損なうこと。
・我々の知っている範囲内で事前の評価をすること（我々には正しくても違うところでは間違っているような時）。
・他の人のアイデアを反発すること。
・これまでの経験。

BSによって、「創造的なアイデア」を引き出すことは可能である。

BSの特徴としては、
・問題の解決方法のための新しいアイデアを生み出す。
・組織や権限により行うものではない方法である。
・新しいアイデアが容易に出せる環境である。
・異質なグループにより、直感等で形にはまらないアイデアを引き出す。

　事前準備として、BSを行う際の考慮事項は、BSのテーマを適切に決めることである。モジュール単位でBSを行うわけであるが、モジュールの現状モデルをよく見て、3個、ないし、5個位のBSテーマを決めるのが多くの有効なアイデア、具体的なアイデアを得るのに役立つ。たとえば、

　　・現状モデルで、大きなWUとなっているもの。
　　・現状モデルで、WCが多いもの。
　　・現状モデルで、1つのオペレーションのWUやWCは必ずしも多くないが、いくつかのオペレーションの中に共通に含まれているもの。
　　・他のモジュールを相互比較してみたときに、類似性を見出すことのできるオペレーション。
　　・目ぼしをつけたオペレーション、あるいはインプットからアウトプットへの変換の処理内容

を、BSテーマとして設定する。

　このBSテーマを選ぶ段階においても、特定の人が機械的に選択するのではなく、このプロジェクトにかかわる人達がディスカッションをして選んでいくことが望ましい。その過程の中にも、すでにアイデアを産み出すための大切なきっかけが含まれているのである。

　問題を持っている人や、BSに招かれる人達には、十分に問題を明確にしておかなければならない。これを怠ると「正しい」参加者を招くことができない。

　問題の基本的な部分を明確にすることにより、参加者を招くことができ

る。その時に、「召集」と言う言葉より、意図的に「招待」と言う言葉を使う方が望ましい。それは「召集」が強制的に感じ取られ、消極的な反応しか引き起こさないと解釈できるからである。召集を受ける者は、たとえ他にもっと重要なことがあったとしても、会合に行かねばならないと感じてしまうものである。

　言葉の選別方法一つで、参画者に主体的を芽生えさせることができる。
　また、招待したグループはあまり大き過ぎない方がよい。大きくて5人〜12人で十分であろう。これに反して、6人以上の参画者は避けた方がよい。例外的に8人というのもあるが、あまりに異質な人を集めることは避けた方がよい。なぜなら、異なった部署やレベルの異なる人を選ぶと、アイデアを浮かぶことを妨げるリスクも発生するからである。
　創造性は質問を集めたり、知識を集約したりすることにより大きな広がりを見せる。知識なしに創造的なプロセスはありえない。異なったアングルから問題を見ることのできる知識をもたなければならない。異なった分野の人と同時に、異なった知識をもつ人と一緒にさせたら、援助の代わりにひっくり返すこともできる。ゆえに、問題に対する知識が多かれ少なかれ同じというグループを作るのが望ましい。
　他の要因としてグループ構成における組織階層がある。会社がオープンな雰囲気を持っていないなら権限に従うことを絶対としているため、会合に目上の人を招くことを避ける。そうしないと批判されることを嫌い、斬新で革新的なアイデアが出てこない。
　また、生産性が高い場所と時間を設定する。
　開催場所に関しては、「良いアイデアが出せる雰囲気」がある部屋を提供する。これは照明や音楽、香りや革の椅子が必要であると言っているのではない。ブレーンストーミングは仕事であり、ゆったりするための時間ではない。よい知識が必要なだけである。BGMや香りなど全く必要としない。また、タバコも避けた方がよい。ドアが開いたり、電話が鳴ったり

することにより会合の中断を避けることにも配慮しておきたい。

　食後は生理的に疲れるものである。会合は昼食直後に設定しないようにすべきである。終了時間近くに行うのも有効ではない。こういう時間は知的生産性が一番低い時間帯である。出来れば昼食の前、たとえば「9：00〜10：30」の間がベストである。それを過ぎると、空腹のため首を長くして昼食時間を待つことになる。できるならば仕事と仕事の間に長めの休憩を取り、ミーティングを開始するとよい。

　また、ブレーンストーミングは2つのステージ「レッドステージ」と「ブルーステージ」に分けて実施する（図表4-11参照）。

　レッドステージで重要なことは、次のことである。

・アイデアの量
・批判や評価をしないこと

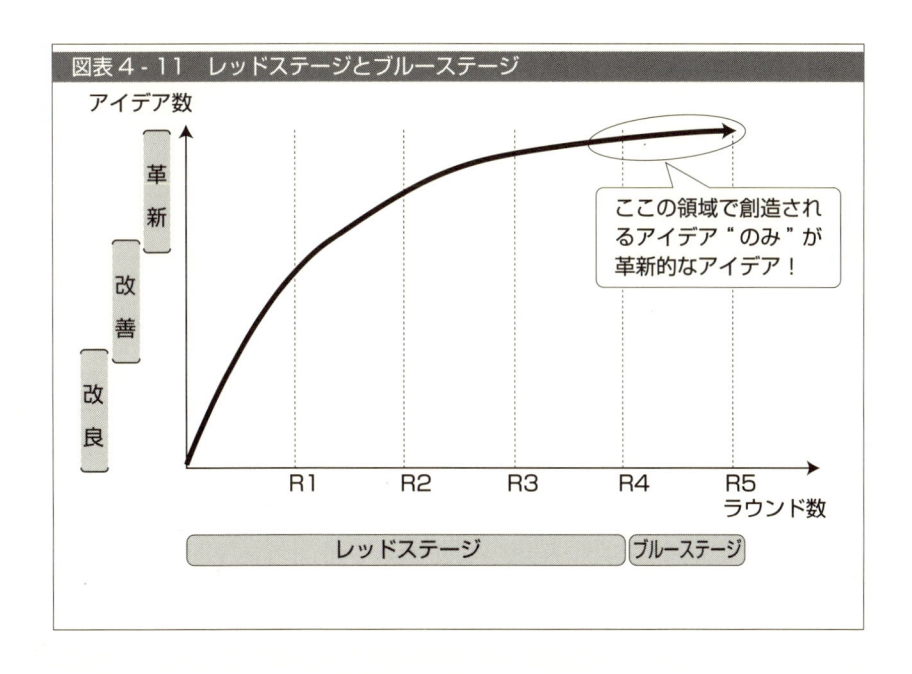

図表4-11　レッドステージとブルーステージ

縦軸：アイデア数（革新／改善／改良）
横軸：ラウンド数（R1　R2　R3　R4　R5）

レッドステージ：R1〜R4　ブルーステージ：R4〜R5

ここの領域で創造されるアイデア"のみ"が革新的なアイデア！

我々は、普通、経験したことや以前に解決したことのある、いくつかの解決策や異なった方法を持っているものである。

　・以前にもこうしたので、今回も……
　・記事を読んだ……
　・思い出せば……
　・アイデアもどき……

　以上の例は、簡単に引き出せる。ただし、それらは、斬新性や創造性がない可能性を含んでいる。経験はアイデアを障害する。ゆえに、レッドステージでは「量を重視」する。幸いにも、量は質を生む可能性を高めてくれる。

　ブレーンストーミングの課題、テーマに対して、最小限100のアイデアをひねり出すことが望ましい。60や70のアイデアを出すことはさして難しいことではないが、100は容易ではない。けれども、何とかして100を出そうという気持ちが、従来想像もしなかったアイデアの発見、創造のきっかけとして重要なのである。

　レッドステージの間、すべての批判は全面禁止する。評価や批判はしてはいけない。批判は言葉以外にもある。たとえば、イントネーション、表情、ボディランゲージなどである。すべての批評・非難は、レッドステージでは禁止する。

　同時に、自己批判も避ける。参加者が先に述べたルールを守れば、皆の会合の間、安心することができる。失笑したり、アイデアをバカにしたりする人は誰もいない。誰も、「不可能だ！」、「以前にそれはやった！」などと言う者はいない。

　反対に面白くて奇抜なアイデアは意志的に歓迎すること。「面白いアイデア」は非常によい。問題の解決を招くことができるアイデアはよく出るし、相乗り発想の踏み台にもなる。

　このステージでは、意識的にプロアクティブにポジティブに対応し、す

べての参加者が積極的になるように努める。

　アイデアが行き詰れば、出ているアイデアを変えることを考えてみる。拡大したり、減らしたり、逆にしたり、加えたり、いろいろと変えることを考える。他の事を考えたり、見方を変えたりすると新しいアイデアが生まれることが度々ある。BSにおいて重要なことは、空白の時間や同じところをくるくる話が回ることを避けることである。少々の笑いや和んだ雰囲気はアイデアが浮かぶことを助けることにもなる。

　レッドステージにおいては、リーダーが全員見えるところにすべてのアイデアを記録する。これは会合を続けるために重要である。アイデアは一つか二つの例で記録する。アイデアを与える者は、他の者が新しい考えを出せるようにアイデアについて何か付け加えるように意識すること。

　レッドステージは、アイデアが量から質へ変わるのに十分なだけ、また、参加者が「わかりきったアイデアから抜け出すまで」続けるべきである。100のアイデアは、この域に達するための一つの状況である。BSは、最初使いこなす難しさを感じるに違いない。結果を出せるようにするためには、時間がかかる。参加者がBSを使えるようになったときには、30分くらいをメドに時間を限定するのが良い。長くても1時間以内とするべきである。2日後に2回目の会合を持つのがよい。重要なことは、長さより頻度である。8時間を1回開催するよりも、2時間を4回開催することの方が望ましい。

　レッドステージが終わった後、アイデアをシステム化しなければならない。これがブルーステージである。これは会合のリーダー、もしくは、問題意識の高い人でも構わない。

・アイデアが、問題と適合しているか？
・現実にするには、どのくらいの期間を必要とするのか？　短い期間か、それとも長くかかるのか？
・現実にするには、研究やテストが必要なのか？　すぐにでもできるのか？

図表4-12 ブレーンストーミングの4つの基本ルール

1. 良い悪いの批判をしない。
2. 自由奔放を歓迎する。
3. 量を求める。
4. アイデアの結合と改善を求める。

リーダーは、上記の問いがアイデアに対するものであり、人に対するものでないことを心がけて進めていく配慮を怠らないこと。

ブルーステージですべてのアイデアを整理・整頓する。そのためには、レッドステージで簡単な文章で表現されたものを、もっと詳しい、わかりやすい表現にするとか、違った表現になっているものであっても、意味するところは同じであったり、複数のアイデアを一つにまとめたり、といったことを整理・整頓する。すべてのアイデアは種々の理由によりすぐには具体化できない。だから、モノによってはアイデアのより一層の継続発展が続けられ、それは記録し残しておくべきである。

あるアイデアが使われない理由は、たとえば現在の技術的問題にあるかもしれない。残ったアイデア、また記録されたアイデアは技術の発展に伴い、現実化される日が来ることもある。

最後に、BSを望ましい方法で展開させるために、4つの基本ルール（図表1-12参照）といったものを見えるようにしておくことも、考える行動を喚起することにつながるだろう。

4.1.5 改善モデルの具体化

選択された最適案をもとに、実施するための具体化を進める。具体化する内容としては、変更すべき概要設計、業務分担表、詳細説明（図表4-13参照）、改善モデル実施のための留意点（図表4-14参照）などである。特に、改善された内容がそのまま理屈通りに運用できるとは限らない。いろいろ配慮する点も出てくると思われるので、留意点として事前に整理し

図表4-13 改善モデルの具体化

R；第5

BSテーマ	発注業者選定	改善項目	価格交渉業務の低減	管理No	B-2
コード	K-2-4				

		WU·WC	WU			WC		
			p	m	o	p	m	o
改善効果	人分	0.750						
改善案		0.290						
現状		1.040						

対象品目；新規購入品

改善チェックポイント！
・80万円未満のものに関しては、合見積で業者を選定する。その場合、価格査定・価格交渉は行わないこととする。

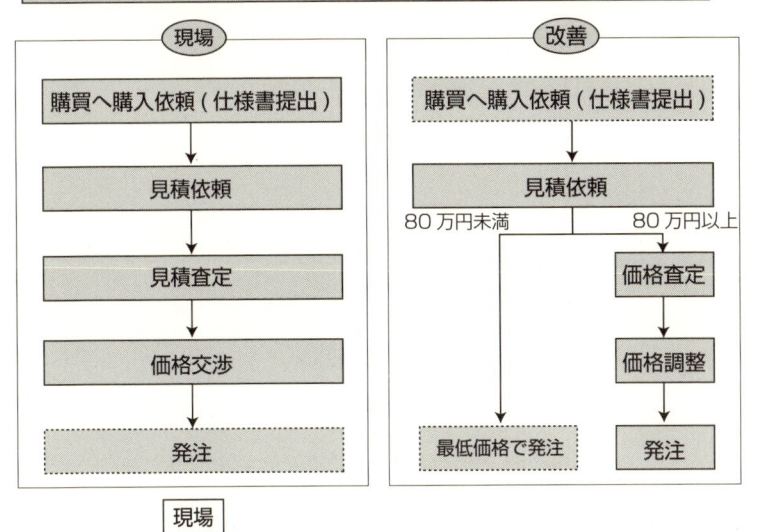

現場
購買へ購入依頼（仕様書提出）
↓
見積依頼
↓
見積査定
↓
価格交渉
↓
発注

改善
購買へ購入依頼（仕様書提出）
↓
見積依頼
├─ 80万円未満 → 最低価格で発注
└─ 80万円以上 → 価格査定 → 価格調整 → 発注

現場

	所要時間（月）	費用計（千円）	改善4原則	
計画			E	R
実績			C	S

図表4-14 改善モデル実施のための留意点

No	項目	ねらい	方法
1	入社式、歓迎会、竣工式、取引先工場見学等行事企画、実施	一時期ピークへの対応	これらの行事は、全社あげての企画として位置づけ、応援体制を確保することによって、一時的ピークを解消する。
2	特定業務	負荷のバラツキへの対処	特定業務の比率が高く、負荷のバラツキが発生するので相互支援ができるよう、各々の業務に習熟すべく、教育訓練を比較的負荷の少ない時期を利用して行う必要がある。
3			
4			
5			
6			

ておくことが望ましい。

具体化とは、これまで考え出した改善アイデアを実施するための施策であり、職務記述書を作成し、関係者が定量的に論理的に自分の行動内容を理解できる形で提出することが必要である。

4.1.6 実施可能レベルへ調整

これまでの改善案は、プロジェクトチームと関係する管理職と一緒に練られてきたものである。しかし、実施するのは現場であり、現場サイドから見て不具合がないかどうかを検討する。そして、管理者が管理できるように実施可能なレベルへ仕上げていく。

4.1.7 実施日程計画の作成とフォロー

最後は、実施日程の計画である。実施日程に基づいて人員の余剰が数字となってみえてくることになる。これまで粛々と行ってきた効率性向上の成果が経営業績となって見えてくる瞬間である。

ここで配慮するべき事項は、実施日程に基づいて余剰人員が出てくるの

図表4-15　改善成果の実例

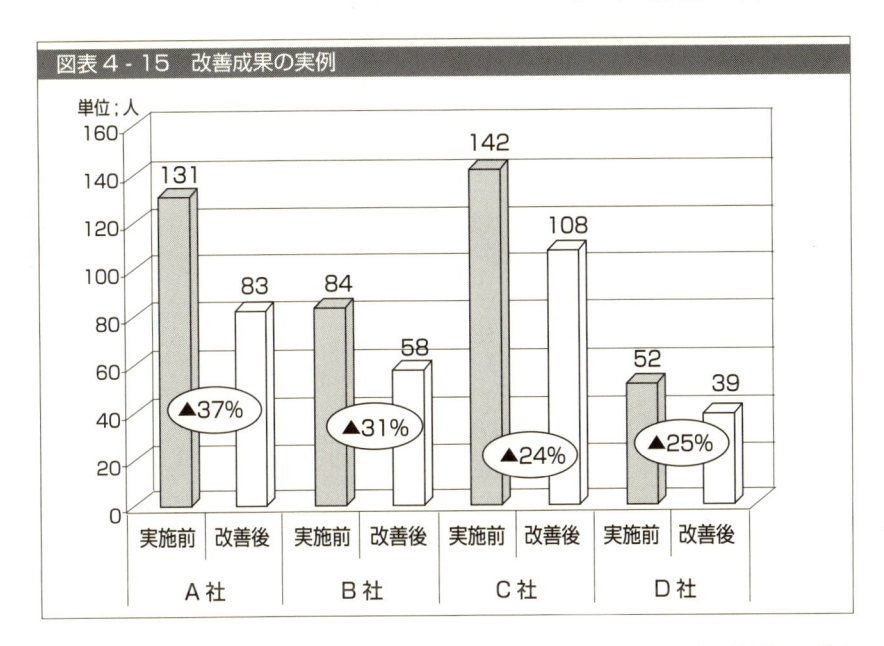

	A社		B社		C社		D社	
	実施前	改善後	実施前	改善後	実施前	改善後	実施前	改善後
人数	131	83	84	58	142	108	52	39
低減率	▲37%		▲31%		▲24%		▲25%	

単位；人

で、その人員の活用計画を考えることである。この内容は、次項以降の「人材活用委員会」で詳しく述べる。

4.1.8　改善成果実例

Pro HPTが目指すべきところは、機会利益を生みだして実益につなげ、効率性の向上を図ることである。これは人員の余剰ともいえる。これまでPro HPTを導入した成果としては、配置人員の低減率として平均30%～40%となっている。さらに、これらの結果は、エフィシエンシーレベルの処理時間向上（＝短縮）を含めず、プロセスレベルの改善結果だけを表示したもの（図表4-15参照）であり、実際に配置人員の低減によってこれまでと同じ業務、もしくはそれ以上のサービスが提供できるならば、組織として大きな改善効果を感じられることだろう。

時間の短縮は一つの改善である。しかし、残業がゼロになる改善は効率性向上の成果と考えてもよいが、当事者が残業を含めて就業時間と思って

業務に望んでいるならば、この残業代はそもそも考慮すべき対象ではないので効率性を向上させたものではなく、これまでのマイナス部分をゼロに戻しただけである。つまり、エフィシエンシーレベルと同等である。

4.2　生産性向上推進室の設置

革新的な動きに対しては、総論賛成各論反対であることが一般的である。会社を変えようとしている時に、当事者の高い問題意識がないようでは変わるものも変わらない。それらを当事者個人の力量に任せていては変革の確実性に欠ける。

組織運営を「仕組み×運用×人」と分解するならば、属人的になりかねない「人」に頼るのではなく、あるべき「仕組み」を事前に描いておくと「運用」、及びその運用を実行する「人」はスムーズに対応するだろう。

Pro HPT を実施する時には、新たに「生産性向上推進室」を設置し、その推進室の動きを積極的にサポートする組織として「生産性向上プロジェクトチーム」（以下、生産性向上 PT という）が存在していることが望ましい（図表 1 - 15 参照）。生産性向上推進室の「室長」には、生産性向上に関して問題意識の高い役員が就く（もしくはそれにふさわしい人が就く）。同じく生産性向上 PT にも、問題意識の高いメンバーが参画する。

4.3　プロジェクトチームの役割

4.3.1　チーム編成とリーダーへの期待

チーム編成は専任体制であること。Pro HPT では現場において人員低減を行っていく。代替案のアイデアをいくつも出し、現場と調整し、持ち帰り、そしてマニュアルにして……、など計画と行動の繰り返しである。こ

のような仕事を現場と掛け持ちで対応することはできない。二兎を追うものは一兎をも得ずではないが、兼任体制で物事を進めていくと、どこかで言い訳が出てくるものである。

　会社として本気であること、そして、十分に時間を投入できるならば専任体制で臨むことがプロジェクトメンバーにも良い緊張感が走ることだろう。人は剣が峰の状態で本領を発揮するものである。

　また、プロジェクトメンバーが一人で担当するモジュール数は、1モジュール（／人）。一つのモジュールに約3か月投入することを仮に予想したとするならば、10モジュールを5人で担当すると6か月で終了できる。

　このようにモジュールの数とチーム編成によって投入時間を算出できる。ただし、専任プロジェクト体制であること。

　最後に、最重要ポジションがリーダーである。リーダーに大きく期待されることはさまざまな部門との調整機能である。部門間の調整が事前に段取りよく進められていればスムーズに進むアイデアも、調整に配慮がないままに通るべき提案が通らないこともある。

　このように組織間調整が必要なので、リーダーにはある程度の組織内経験がある管理職クラス（部長職以上）が望ましい。

4.3.2　社内の位置づけ

　生産性向上PTは、生産性向上推進室の動きをサポートするわけだが、実際は生産性向上推進室へ報告することが主であり、動きとしては現場とのやり取りが多い。よって、生産性向上PTと議論を交わす、各モジュールの責任者（＝管理職）とのリーダー会議でのやり取りがポイントになってくる。

　その時の生産性向上PTの表向きな立場としては、常に「推進室室長からの指示・命令」で動いていることであって、決して生産性向上PTに属している当事者の見解を優先順位高くして勝手に行動しているのではな

い。つまり、会社として必要であるからこそ取り組んでいるPTであり、ある一人の社員が重要性を感じて取り組んでいる業務ではない。

実際は、生産性向上PTが推進室へも提案していくわけだが、組織内の位置づけとしては「室長のサポーター的位置づけ」を前面に出しておくことが、組織内の動きとしてスムーズである。

生産性向上PTは、トップを引き立て黒子に徹すること。

4.4 人材活用委員会

4.4.1 鉄のカーテン

人材活用委員会と、生産性向上PTに間には、実は、「鉄のカーテン」が存在している。

生産性向上PTが主に携わる内容が、人材に余裕を作ることであり、これは計画的に行える。一方で、その人材をどう活用するのかは、計画的に活用できることではなく、24時間森羅万象の如く考えておく必要がある。言い換えると、下記のようにいえる。

実は、次に「……」のような新規プロジェクトを考えている。したがって、初期投入人員として「X人」を必要とするから、現部署内で人的生産性を向上し、余剰人員をこの新規PTに活用する。

このような経緯で余剰人員を社内から作り出すことが本来は望ましい姿であるが、実際は、まずは現部署内で人的生産性を向上しよう、余剰人員に関しては、その後その時に考えよう、という次第である。それでは企業の継続性にブランクが発生する。

よって、生産性向上と人材活用は同時に進行する必要がある。生産性向上PTで実際に余剰となった人材は、一時的に人材開発部に移籍させて今後のキャリア形成を考えていくなどの配慮も必要である。

4.4.2 企業はなぜ成長できるのか

企業とは継続するものであり、分母を縮小するだけではジリ貧経営である。一方で、余剰な分母は経営を圧迫することにつながる。だから、分母（効率性の向上）と分子（効果性の向上）はバランスが必要である。

企業が成長するためには、投入資源を集中投資して企業ビジョンに沿って積極的な社会貢献活動を進めていくことである。それらの行動が最終的には規模拡大、つまり、売上向上につながる。

成長とは、「するもの」ではなく「させるもの」である。マクロ経済が安定的に成長してくれることは予想できない。肯定的未来図である企業ビジョンに向うべく、自ら成長する挑戦と姿勢を実際に行動へ反映させないと成長はしない。成長させる行動がないままでは、良くて現状維持、むしろ、低下するであろう。

4.4.3 雇用の創造

トップの仕事とは大きく二つある。一つは意志決定すること。もう一つが雇用の創造である。トップは時代を先読みし、市場ニーズの変化を察知し、そのニーズに応えるべく自社の新しいシーズの方向性を日々考えていく必要がある。

そのシーズを開発、及び市場へ浸透させるために、人材という資源が必要になるのであり、そこに雇用が発生する。よって、雇用を発生させることができている世の中の会社経営者は経済面、社会面、生活面など多大なる社会貢献を行っていることになる。

しかし、ニーズとシーズが合致しないままでは市場は開拓されない。つまり、そこには雇用が発生しない。さらに、現代はモノ余りの時代であり、世の中の財やサービスにあまり魅力を感じなくなってきていることも事実である。言い換えるならば、本物しか残らない時代だからこそ、これまで

以上に考えて考えて考えて智慧を出す行動をスピーディーに行わないと市場はワクワクしない。この超競争環境において、雇用を創出すること、言い換えるならば、市場を開拓することは難しくなってきている。

　成熟社会である日本はまさにその真っ只中にいる。市場を開拓することが難しい今、企業経営はコスト削減に追い込まれている。この実情は理解できるが、市場は納得したくはないはずだ。

　これまで以上に効率性にメスが入ることは予想されるからこそ、雇用の創造に影響する効果性の向上をトップの仕事と言わずに、社員も含めて一人ひとりが緊張感を持って、考えていくしかないだろう。

4.4.4　人材活用目的

(1) 人材活用方針の明確化

　人材を活用する目的とは何か。何のために人という資源を活用するのか。Pro HPTにおける人材活用方針とは、これまでの組織人員を増員させることなく、最終的には、業務内容、業務範囲、及び業務サービスレベルの向上を図り、効果を向上（＝アウトプットを増大）させることにある。つまり、組織が成長していることにつなげることである。

　しかし、Pro HPTを展開する中で人員低減を実施する段階においても、結局、何のためにどう活用してよいかが明確になっていないことが多い。これらの活用方法は、「強制して考えないとアイデアは出てこない」ものであり、むしろ、放置しておけば何ら対策は出てこない。

　よって、仕組みとして、生産性向上推進室を立ち上げると同時に、人材活用委員会も立ち上げ、Pro HPTで生まれる余剰人員を企業の成長のための資源としてどう活用するかを考え、担当者が定期的に発表する。発表する機会が提供されるからこそ、日々、考える習慣が身につく。

　メンバーは管理職クラス（部長職以上）が望ましい。

(2) 活用アイデアプール

　実際に活用するアイデアを立案しても実現可能性や有効性という基準を加えると使えないアイデアであることが一般的である。よって、アイデアの質以上に量を求め、その中でも実現可能性や有効性を軸に精査し、アイデアプールに多く保留させておくこと。アイデアは無限にあることが望ましい。一つのアイデアから適正な解決策につながることは少ない。

　ここでプーリングされるアイデアは、アウトプットの増大を狙ったアイデアであることが望ましい。実際にアイデアを拝見させていただくと、人員の補充対策であることもあるが、そこはあえて取り上げないこと。補充対策的人材活用アイデアはすでに人事部門で計画されているものであり、必要であるなら対応するが、人材活用委員会ではアウトプットの増大を狙うアイデアを創造することだけに絞る。また、その方が組織はワクワクする可能性が高まる。

　実際は「アイデアは低減される人員が決まってから考える」というメンバーもいる。しかし、これでは遅いし実際は考えていないことが多い。アウトプットの増大を狙うことが目的であるからこそ、活用アイデアを日々粛々と考え、そこから導きだされたアイデアを、低減された人員の能力などに応じて活用用途を当てはめていくことが望ましい。

　さらに、このようなことを日々熟考していると、他にも多くの気づきがあるものである。日々「考えている」人材が多いことは気づきの多さにつながり、そのまま企業成長の可能性を高めてくれる。

　最後に、アイデアを発表する際のフレームワークを事前に共有しておくとよい。

・活用目的
・活用方法
・活用結果（仮説）
・活用目的に応じた人材特性

・活用時期

　共通のフレームワークで議論をすると、相乗り発想につながる場合がある。

(3) 実行のための判断基準と優先順位
　さらに、実際に活用するアイデアを決める基準として、下記の3点を視野に検討することにより活用アイデアの優先順位が決まってくる。
　そのアイデアの効果は、
・ある部門だけのものか、全社的なものか。
・長期的なものか、短期的なものか。
・企業戦略に沿っているか、そうでないか。

　100点満点のアイデアは存在しない。必然的に全員が笑顔になれるアイデアも存在しない。しかし、51点は取りたいものである。そこをよく熟考して生産性向上推進室室長へ提案する。

(4) 人材活用スケジュール
　このようにして選定された活用のアイデアと余剰された人員がここで対面することになる。しかし、この場に及んでも、人員を提供する現場サイドからどうしても出さないといけないか、実は忙しいから出せない、といった質問が出てくる。
　推進室室長の下、活動しているので後戻りすることはないが、根底にある考え方として、たとえば、これまで20人で行ってきた業務内容と、今回のPro HPTを進めていく中で10人で行えると判断された業務内容は同じである、ということである。
　ここで妥協していては、生産性は永遠に向上することはない。室長の強いリーダーシップが期待される場面である。

(5) ビッグピクチャー（図表 4 - 16 参照）

上記のような議論を進めるためには、現在の環境で業務に従事している自分から主語を 2 つか 3 つくらい上げたところで議論することが期待される。そもそも、雇用を創造するためには、市場を創造する、もしくは既存市場を拡大する必要がある。市場が拡大していないにもかかわらず、人材を必要とすることはない。一方で、このような新規の市場を簡単に作ることができないからこそ、日々、アイデアは出し続けるしかない。

したがって、この人材活用委員会に参画する場合は、経営者感覚を備えてから参画させることが望ましい。社会ビジョンが語れて、業界ビジョンが語れて、さらに自社のビジョンを自分の言葉で語れるならば、自身のビジョンもアリアリと描けているだろう。そんな人材だからこそ、市場を創

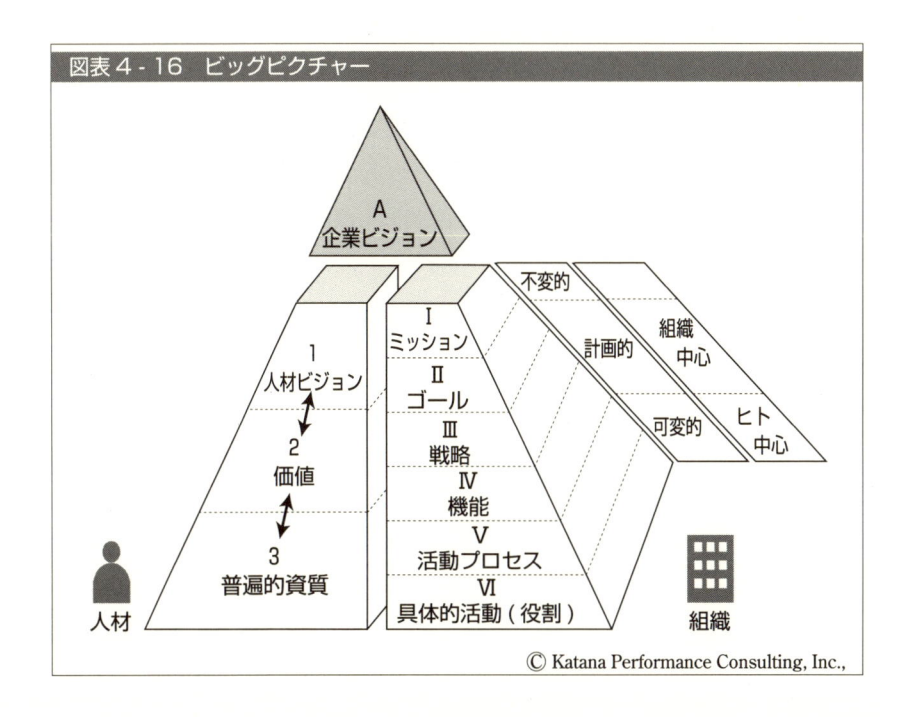

図表 4 - 16　ビッグピクチャー

- A　企業ビジョン
- 1　人材ビジョン
- 2　価値
- 3　普遍的資質
- Ⅰ　ミッション
- Ⅱ　ゴール
- Ⅲ　戦略
- Ⅳ　機能
- Ⅴ　活動プロセス
- Ⅵ　具体的活動（役割）
- 不変的／計画的／可変的
- 組織中心／ヒト中心
- 人材／組織

Ⓒ Katana Performance Consulting, Inc.,

造できる可能性が広がるのである。

　一方で、このように広い視野がないまま人材活用委員会に参画しても、先にも書いたようにアイデアが「補充対策」に偏る場合がある。これは必然的な結果であり、一方でワクワクしない。人材活用委員会で期待されるアウトプットを創造するためにはビッグピクチャーのようなフレームワークを持ってPESTの視点などの普遍的能力（参考文献22　坂本〔2007〕p.129）で経営を語れることが大前提となる。

第5章 生産性向上のために注意する4つのポイント

5.1　工数削減 VS 人員低減

　生産性を向上させることが経営に何らかの貢献があることは理解できたが、生産性を向上させた結果の定義が曖昧である場合がある。

　生産性とは、分母の低減、もしくは分子の向上であり、これらを損益計算書で説明すると、投入資源の削減、もしくは売上の向上を目指すものである。結果的に生産性を向上させているならば、投入資源を削減して営業利益に貢献しているか、もしくは売上を向上させることに資源を寄与させて営業利益に貢献しているかを事前に明確にする必要がある。

　工場などの製造部門はさておき、本社などのホワイトカラーが多い部署においても効率性向上運動を実施している会社は多い。しかし、これらの運動は果たしてどこまで経営業績に直接影響しているのかは、はなはだ疑問を感じることが多い。全社を上げて取り組んでいることから効率性向上運動の雰囲気は味わっているが、それが経営の業績にどのように影響したのかを理解できないままでは、それらの雰囲気は一過性になることも考えられる。

　つまり、生産性を向上させる目的は何なのか、ということである。たとえば、IT化によって書類が減ったことから一人ひとりの整理整頓の時間が削減され、気分的に余裕ができたことによって、それが経営業績にどのように結びついたのか。会議の時間を削減することによって、それが経営業績にどのように結びついたのか。余裕ができることによって緊張感の緩みからミスやロスにつながっていては本末転倒である。

　余裕を持たせることは生産性向上ではない。会議の時間を削減することも生産性向上ではない。直接的に経営業績に結びつけていない成果を定義しているところに問題がある。

　ただし、これらの行動が不必要であると言いたいのではない。これらは、

生産性を向上させるための補助的な機能であって、基本的な機能ではない、ということである。

　また、生産性向上に関して工数（所要時間）削減を一つの効率化運動ととらえている場合がある。5人の部署において、改善活動を進めていった結果、800時間（／月／5人）の業務が、600時間（／月／5人）に削減できることがわかったとしよう。つまり、200時間の余剰が生まれてきたことになる。これで計算すると、「200時間÷160時間（／月／人）＝1.25人」が低減される計算になるが、実際にこれらが投入資源として削減されているかどうかは別問題である。

　時間短縮の考え方は、残業時間の削減として活用できるが、そこまでである。正社員ならば勤務時間を短縮させるわけにはいかず、もし、勤務時間を短縮させるのであるならば、雇用形態を正社員から契約社員やパートタイマーに変更させなければならない。

　つまり、時間短縮の考え方だけでは効果はみせかけになってしまうということである。

　Pro HPTは、プロセスレベルにおいて所要人員の低減を追求しているので、経営に結びつく効果が明確に期待できると同時に、人材活用委員会を並行して運営しアウトプットの増大を進めていくことから、確実に効率性を改善し、可能性の高い効果性を期待できるのである。決して、エフィシエンシーレベルの改善から始めない。プロセスレベルの改善から始める。物事には正しい順序があることは前述した通りである。

　所要人員の低減と人材活用委員会の同時進行は、組織をモチベーションダウンさせることなく、ポジティブな緊張感をもたらしてくれる。だから、経営が健全に継続するのである。

　ホワイトカラーの生産性向上の定義は難しい。だからこそ、ムードだけで終わる可能性の高い全社運動以上に、経営業績に結びつくことを定義として活動を推進していくと、むしろ、全社運動が補助機能業務として相乗

してくれるものである。

　補助機能業務は基本機能業務にはなれない。だからこそ、補助機能業務に頼った活動は最終的には徒労に終わり、財産となって組織に何が残ったのかがわからない場合がある。

5.2　効率性が追及される業務に従事しているホワイトカラーの位置づけ

　効率性が追及される業務に従事しているホワイトカラーを一般的には間接部門（以下、コストメーカーという）といい、一方で、効果性が追及される業務に従事しているホワイトカラーを一般的には直接部門（以下、プロフィットクリエーターという）という。両者の業務には、基本機能業務と補助機能業務が含まれているが、その比率は異なる。

　さらに、基本機能業務と補助機能業務の考え方を参考に組織を構築するならば、組織は基本機能業務を多く抱えているであろう「プロフィットクリエーター」だけであることを期待している。コストメーカーはプロフィットクリエーターを補助する機能を持っているから無駄とは言わないが、もし、プロフィットクリエーターに影響を及ぼしていないのであるならば、その業務の目的を排除し、業務そのものをなくしてしまうべきである。

　組織とは、補助機能業務をできるだけ持たない、もしくは、増大させない経営が望ましい。同時に、全業務における基本機能業務の占有率が高ければ、それはそのまま成果に直結している業務に大きく寄与していることから必然的に組織を成長させる可能性が高まる。

　したがって、正社員として組織に属している限り、プロフィットクリエーターであろうが、コストメーカーであろうが、基本機能業務に多くかかわることであり、それがそのまま当事者のモチベーションを向上させる。実際に、Pro HPT をいろいろなモジュールで実行した結果、時間概念に捉われることなく、基本機能業務比率の高いモジュールに従事する社員の従業

員満足度は高い、ということも合わせて理解しておきたい。

当事者のために補助機能業務を作り出すことはあってはならない。基本機能業務にかかわることが、会社の成長と社会への貢献を助長させる。フリードマン氏は「定型的な仕事をやっているだけでは、給料はドンドン下がる」と警笛を鳴らしている（参考文献5　フリードマン〔2006〕）。プロフィットクリエーターの基本機能業務に投入資源を集中投資できるように熟考していかなければならない。

5.3　長時間労働と生産性向上

生産性を高めるためには、アウトプットの向上以上にインプットの低減がまずは期待される。なぜならばインプットは計画的に管理できる対象だからである。言い換えるならば、期待されるアウトプットのためには必要なインプットが投入されているべきであり、バランスを考慮してマネジメントされることが望まれる。

インプットの一つである時間という投入資源は、大きく二つに分解できる。一つは正規の就業時間。もう一つは残業時間。企業は、経費削減の一環として非正社員で雇用する時間労働者を増加させた一方で、そのしわ寄せは正社員に移行している。トータルで見ると、全社員の業務に対する投入時間は同じ、もしくは増加していないだろうか。しかし、経営業績には貢献してしまっている。大きな要因は、管理職に残業代が支給されないからである。

長時間労働が悪モノ呼ばわれされているが、それは一つの側面しか見ておらず、一方で時間という概念を持たずに業務に没頭している人も多くいる。では、この違いは何から生まれるのだろうか。「就業時間＝正規就業時間＋残業時間」という分解式で考察してみたい。

一つは、携わっている業務のテーマが考えられる。幼少期の頃を思い出

図表5-1 長時間労働をポジティブに受けとめている人の業務内容

	就業時間	残業時間
計画業務 (T型業務®)	①	②
活動業務 (S型業務®)	③	④

してほしい。就寝時間も気にすることなく、親に叱られてでも唯一つのことに集中し、気がつけば時を忘れてしまっていたことがあるだろう。携わっているテーマにワクワクしていると、自然と時を忘れてしまうものである。だから、最高のアウトプットを創造する可能性が高まる。メジャーリーガーのイチロー選手はその代表例ではないだろうか。しかし、実際は業務テーマがそのまま個人的な価値観と合致している人はどれくらいいるだろうか。起業しているならまだしも組織に従事している以上、思いと現実は分けて考える必要がある。したがって、これを理由にしてしまっていては目の前の業務に集中できない。世の中に感謝されない仕事は存在しないからこそ、目の前の仕事がやりたい仕事であり、同時にやるべき仕事ととらえるべきであろう。

　一方で、組織に従事していても、長時間労働をポジティブに受け止めている人もいる。そのような人は、特に中小企業に多いのではないか。資本力、市場占有率、営業力などどれを取っても大企業には勝てない中、時間という資産は使い方によっては競争優位要因になる。そんな彼らの業務内容を拝見すると図表5-1のようになるだろう。活動する時間も必要だが、計画する時間（以下、T型業務®という）を就業時間外で投入していることは、むしろ集中できる時間帯だからこそ就業時間外で対応することを望んでい

第 5 章　生産性向上のために注意する 4 つのポイント

図表 5 - 2　長時間労働をネガティブに受けとめている人の業務内容

	就業時間	残業時間
計画業務 （T 型業務®）	①	②
活動業務 （S 型業務®）	③	④

る。つまり、これは長時間労働とは受け止めていないのである。

　一方で長時間労働をネガティブに受け止める人は図表 5 - 2 のようになるのではないだろうか。活動する時間（以下、S 型業務®という）が残業時間にまで及んでしまうと、業務量と必要投入時間が計算できるからこそ長時間労働と受け止めてしまうものであり、間違いなくこれは長時間労働である。

　では、ボックス④の S 型業務®はどのようにすれば就業時間以内で対応できるのだろうか。ここで就業時間の分解式に戻ってみたい。

1. 就業時間＝正規就業時間＋残業時間
2. 就業時間＝正規就業時間

　メリハリをつけて業務に望む前に、そもそも事前に正規の就業時間内で業務を終了するイメージを計画して持っているだろうか。もし、正規の就業時間内で終了しないことが予想されるならば、何をどう改善すればよいのかを考えているだろうか。そしてそこに緊張感を生ませているだろうか。

　長時間労働者に多い行動習慣として、一度決めた計画を後回しにする傾向がある。小学生の頃にあなたは夏休みの宿題を、

1. 休み開始早々に完成させていましたか。
2. スケジュール通りに完成させていましたか。
3. 休み終了間際で完成させていましたか。

　長時間労働者に多い傾向が、上記の3.であった（参考文献19　大竹〔2008〕p.3）。長時間労働者は後回し行動というその人の性格との因果関係が証明されたのである。
　後回し行動習慣によって社内で長時間労働が発生し、結果、従業員の健康管理面で雇用者が責任を持つことが求められるのであるならば、残業代割り増し法案は長時間労働問題を解決する対策とは言えない。
　「金曜日はノー残業デーと決めたのですから、午後六時三十分になったら、とにかく部屋の電気を消してしまうことにしました。（中略）そうすると、部屋のあちこちからよく悲鳴が上がりました。」（参考文献29　吉越〔2007a〕p.102）。
　残業時間は正規の就業時間ではなく、就業時間内で終わらなければならない緊張感を持って始業時間に臨めば、行動が変わるはずである。8Hの就業時間以内で最大限の集中力を発揮し業務に望む姿勢がまずは求められる。結果、時間資源の投入が比例して自社の業績そして自身の成長が目に見えるようになるだろう。したがって、残業が減ると業務効率は必ず向上するのである（参考文献13　小林〔2008〕）。そこには、疲労感ではなく充実感が漂っているはずである。ただし、いずれも現状に満足するのではなく挑戦する姿勢、及び期待されている成果のレベルは日々向上していることを深く理解しておくこと。
　小学生の頃、夏休みの宿題が締め切りに近づけば近づくほど焦りが出てきて、おどろくべき集中力を発揮した経験を持っている人は少なくないだろう。
　本書内では随所に、T型業務®・S型業務®を使わせていただいた。概念は、

『ホワイトカラーの生産性を飛躍的に高めるマネジメント　HPT®実践マニュアル』（参考文献22　坂本〔2007〕p.71 〜 p.73）に譲る。

5.4　プレイング・マネジャーと生産性向上

　図表5-3の数字からいえることは何だろうか（図表5-3参照）。それは、プレイング・マネジャーが必要とされているのではなく、「自らが自らを管理することが必然的に求められる社会になってきた」ということである。

　昨今「プレイング・マネジャー」という言葉が頻繁に使われているが、これは時代背景的に求められている姿であり、同時に、これがスタンダードになってきているのはこのグラフをみるとわかる。

　しかし、現場の人材は「プレーヤー　＋　マネジャー」の役割を演じているだろうか。ここで行っているプレイング・マネジャーの定義は「自分の業務を自ら管理すること」であり、決して「プレーヤーの仕事とマネ

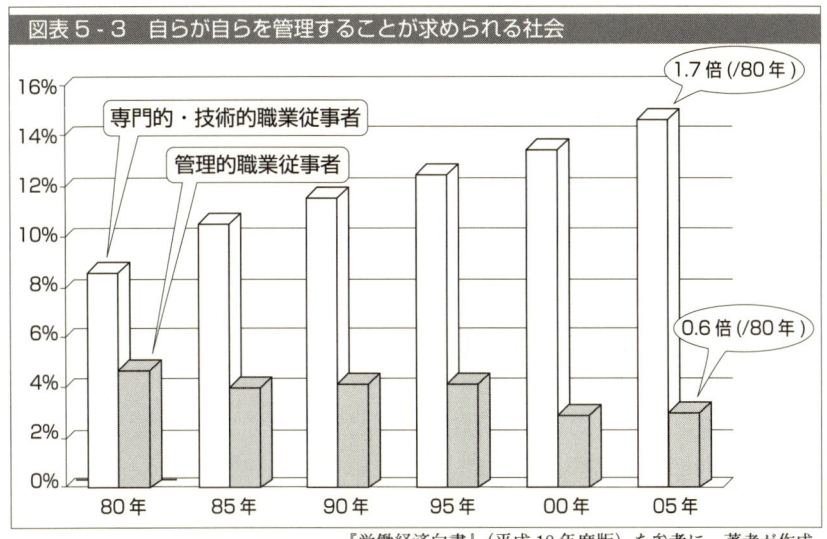

図表5-3　自らが自らを管理することが求められる社会

（専門的・技術的職業従事者：1.7倍(/80年)）
（管理的職業従事者：0.6倍(/80年)）

『労働経済白書』（平成18年度版）を参考に、著者が作成。

ジャーの仕事をバランスよく行うこと」ではない。つまり、管理する業務そのものが管理職から離れてきている事実を理解する必要がある。これはこのグラフをみてもわかるように、時代背景がそう言っているのである。

必然的に、プロの人材のみが市場で活躍できる環境になってきている。主体的に自らの意志で行動し、成果に責任を持つ人材のみが市場で活躍できる環境になってきたのである。管理する能力が高い人材の価値が向上しているのではない。

上記のような定義は、特に「知識労働従事者（＝プロフィットクリエーター）」には深く理解しておいていただきたい。

世論が、上述のような環境になってきているにもかかわらず、気になる記事に遭遇した[1]。その記事とは「人材開発で直面している課題は、"管理職の力不足"である」というものである。私はこれを、企業業績の低迷は「管理職への責任転嫁」と見た。企業業績が出ないのは管理職の管理能力に責任が伴うこともあるだろうが、その前に、社員一人ひとりが前項の実態を理解しているのであるならば、「管理職の力不足」とは言わないのではないか。世の中の企業の人材開発部に主体性がないことが浮き彫りになってきている証拠である。

むしろ、20代の内から、企業の方向性を理解して、「私はこれで飯を食う」くらいの高い意識を従業員一人ひとりに醸成させていない企業経営者に問題があると思う。結局、「会社は社長以上の器にはならないのだから…」。

ご存知のように、今、企業内教育も大きく変わってきている。「平等な教育機会」から「選抜者への教育機会」へ移り変わってきている。これは言い換えると、「競争社会真っ只中にいる」ということである。

そもそも、我々プロのビジネスパーソンが期待されているのは、「期待以上の成果（以下、アウトプットという）を創造すること」であり、その成果を創造するには「良質なインプット」が前提となる。インプットなくしてアウトプットは期待できないし、たとえ、インプットがなくてアウ

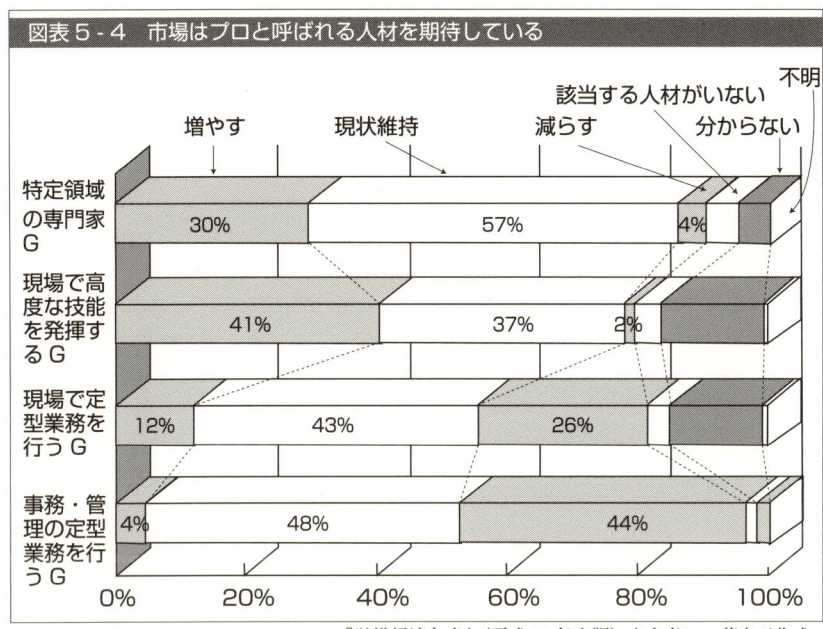

第5章　生産性向上のために注意する4つのポイント

図表5-4　市場はプロと呼ばれる人材を期待している

| | 増やす | 現状維持 | 減らす | 該当する人材がいない／分からない | 不明 |

特定領域の専門家G：30%／57%／4%

現場で高度な技能を発揮するG：41%／37%／2%

現場で定型業務を行うG：12%／43%／26%

事務・管理の定型業務を行うG：4%／48%／44%

『労働経済白書』（平成18年度版）を参考に、著者が作成。

トプットが創造できたとしても、それは「ラッキー」かもしれない。悲しいかな、ラッキーは「継続する可能性は極めて低い」。ちなみに、企業の社会的使命は「ゴーイング・コンサーン（継続企業）」である。

　図表5-4のグラフは、まさしく「プロ」といわれる人材を市場は期待していることを証明してくれている資料である。

　定型業務の人材は計画的に科学管理した上で（＝間接部門；コストメーカー）、創造を要する「課題・解決型業務」に関する人材「のみ」を正社員（＝直接部門；プロフィットクリエーター）として雇用する動きがこれからさらに活発化していることを物語っている。

　これは、我々がポスト資本主義社会真っ只中に生きている、ということの後押しにもなるだろう。アナログ時代からデジタル時代へ本格的に突入していることも同時に理解しておきたい。

総括すると、21世紀を迎えた成熟社会である日本においては、一人ひとりが高い主体性を持って行動し、その主体性の「健全なぶつかり合い」から新たな智慧が芽生える。また、主体的に「創造する＝考える」ということから逃げてしまっている人材は、ますますチャンスから遠ざかることになるであろう。これは必然的に遠ざかっているのであって、チャンスに気づいていない、ともいえる。「考えない」行動は、市場から退出を命ぜられることがある。昨今の内部告発を見れば一目瞭然である。
　自社の経営資源をできるだけ直接部門にシフトするためにも、間接部門は計画的科学管理ができていることがこれからの企業経営においては大前提になる。一方で間接部門の仕事がこの世からなくなることは決してない。ただ、人の手を介して行うのかどうか、もしくは人の手を介する割合を、もう一度見つめ直す時期に差し掛かってきていることも事実である。

[第5章の注]
＊1　日本経済新聞　2002年2月22日（部下の育成法改めて教育）

おわりに

　最近、日本の将来をよく考える頻度が多い。意識的に考えているつもりはないが、どこか心配であることは間違いない。その心配のレベルが日々高まっていることから必然的に考える頻度が多くなっているのだろう。

　著者は、「ワクワク」という言葉を公私を問わずよく使う。ワクワクとは、心が躍っている状態であり、結果、行動にキレがあって躍動感や前進感が漲っている状態だろう。この問いかけに対して日本社会はどれだけ緊張感を持って反応してくれるだろうか。

　また、「夢」という言葉もよく市場で拝聴する。将来とは、誰かに約束されたモノではなく、自らが自らに約束するものであるからこそ、自身で夢を持っていることは現代を生きていく上で絶対条件である。一方で、現代社会で生きている我々は生死をさまようほど生活が苦しいわけでもなく、むしろ、戦後の復興期と比較すると現代は贅沢できている状態だろう。

　物事には必ず節目がある。人生にも幼稚園、小学校、中学校、高校、大学、社会人と節目がある。同じように、会社にも転換を求められる節目がある。著者はこのタイミングを「第Xの創業期」と呼んでいる。会社は「第2の創業期、第3の創業期、第4の創業期……」を経験してさらに成長する。

　この節目を軸に過去を遡ってみると、実は同じテーマを繰り返しながら質を向上、もしくは、充実させているのが実態である。起業の時点では「ゼロを1」にしているかもしれないが、経営を継続させるためには「1を2・3・4……」と横展開させているのが一般的である。変化の足跡が測定できるから成長している実感を掴める。

　ここで紹介させていただいたPro HPTというマネジメント技術は、IEやVEをベースに考えられている。また、これらの技術は大変古いもので

あるが今でもさらに技術内容が研鑽され現場で使われ続けている。

　正しく古いことは、常に新しい。

　一方で、かつてはIEマンやVEマンと呼ばれる方々が社内のあちらこちらに存在していて、改善することは日常業務の一つであったが、現在は、意識的に行わないと行われていない現状は寂しい限りである。改善をシステムで代替してしまっているところに、人間として唯一の優位性である知恵はどこにいったのか、と心配になることがある。
　更に、今ではIEという言葉を問いかけると「それはInternet Exploreのことですか？」と回答が返ってくるこの現状に、IEという技術が一般的に浸透されていないことを証明しているようで寂しくも思う。
　長い人生と言えども、所詮80年くらいである。何もかもこの80年でゼロから生み出すことは不可能である。過去に学びそして吸収することによって、次の世代を作りだしていきたいものである。重要なことは、過去よりもさらに向上させていることである。
　物事には必ず因果がある。いきなり新しい何かが生まれるのではなく、それが生まれてきたキッカケには何かしらの気づき（＝インプットともいう）が存在していたからこそ、その時点で新しい何かが生まれたのである。
　アップル創業者であるスティーブ・ジョブス氏[*1]は大学で、面白半分で受講したカリグラフィーの講座がキッカケで視覚の芸術にのめり込んでいったらしい。カリグラフィーとは2000年の歴史がある西洋の装飾書体の技法である。この体験が後のマッキントッシュを生みだし、さらに、「iPhone」へと発展していく。
　どんな気づきが何に繋がるのかなど、誰も予想はできない。しかし、過去に事実があり、過去に歴史があることだけは確かである。
　過去と同じレベルではなく、レベルを向上させたところでさらに悩んで

（＝考える）いきたいものである。

[おわりにの注]
＊1　日本経済新聞　2008年7月12日（春・秋）

参考文献　参考サイト　参考テレビ番組　登録商標

《参考文献》

1. Aczel, Amir D. and Sounderpandian Jayavel.〔1989〕Complete Business Statistics 6/e（アクゼル・アミール D、ソウンデルパンディアン・ジャヤベル／鈴木一功監訳、手島宣之、原郁、原田喜美枝訳〔2007〕『ビジネス統計学㊤・㊦』ダイヤモンド社）
2. Barns, R. M.〔1949〕Motion and Time Study（バーンズ・ラルフ・M／大坪壇訳〔1960〕『動作・時間研究』日刊工業新聞社）
3. Friedman, Thomas L.〔2005〕*The World Is Flat : A Briefly History of the Twenty-first Century Updated and Expanded Edition*（フリードマン・トーマス／伏見威蕃訳〔2006a〕『フラット化する世界㊤』日本経済新聞社）
4. Friedman, Thomas L.〔2005〕*The World Is Flat : A Briefly History of the Twenty-first Century Updated and Expanded Edition*（フリードマン・トーマス／伏見威蕃訳〔2006b〕『フラット化する世界㊦』日本経済新聞社）
5. フリードマン・トーマス〔2006〕「どうすれば中間層にとどまれるのか　フラット化する世界を生き抜く方法」『週刊東洋経済』：2006.12.9 p.50 東洋経済新報社
6. 浜口友一〔2008〕「システム開発業界は未成熟。SE の意識改革に専念する」『週刊ダイヤモンド』：2008/06/28 p.22 ダイヤモンド社
7. Harvard Business Review ／ DIAMOND ハーバード・ビジネス・レビュー編集部編訳〔2007〕『組織能力の経営論』ダイヤモンド社
8. 平野雅章〔2008〕『組織 IQ 論』Diamond Harvard Business Review：Sep 2008 p.46 ダイヤモンド社
9. 稲盛和夫〔2006〕『アメーバ経営』日本経済新聞出版社
10. 伊庭幸人、種村正美、大森裕浩、和合肇、佐藤整尚、高橋明彦〔2005〕『統計科学のフロンティア12　計算統計Ⅱ　マルコフ連鎖モンテカルロ法とその周辺』岩波書店
11. Kaplan Ellen and Kaplan Michael〔2006〕Changes Are…（カプラン・マイケル、カプラン・エレン／対馬妙訳〔2007〕『確率の科学史　パスカルの賭けから気象予報まで』朝日新聞社）
12. 菊澤研宗〔2008〕「戦略学；立体的戦略の原理」ダイヤモンド社

13. 小林至「ワークとライフのバランス」『日本経済新聞』：2008.8.29 日本経済新聞社
14. 宮川雅明〔2008〕『事業計画立案のための実践プロセス　K-SWOT®』産業能率大学出版部
15. 森棟公夫、中窪文男、富安弘毅、中園美香〔2008〕『ファイナンス計量分析入門』東洋経済新報社
16. 丹羽宇一郎〔2005〕『人は仕事で磨かれる』文藝春秋
17. 大野和幸〔2008〕「QC に残業代　トヨタの転換で揺らぐ労使密月」『週刊東洋経済』：2008.6.7 p.16 東洋経済新報社
18. 小笹芳央〔2008〕「ハングリーさ新人に通用せず」『日本経済新聞』：2008.5.10 日本経済新聞社
19. 大竹文雄〔2008〕『長時間労働の行動経済学』Diamond Harvard Business Review：June 2008 p.3 ダイヤモンド社
20. Paul Rogers and Hernan Saenz〔2007〕『Make Your Back Office an Accelerator；社内サービスの質と効率を高める法』Diamond Harvard Business Review：July 2007 p.17 ダイヤモンド社
21. 坂本重泰〔ほか〕〔1985〕『オフィス生産性技術活用マニュアル』日本能率協会
22. 坂本裕司〔2007〕『ホワイトカラーの生産性を飛躍的に高めるマネジメント；HPT®の実践マニュアル』産業能率大学出版部
23. Slywotzky, Adrian J. & Morrison, David J.〔2002〕The Profit Zone, NY：Three Rivers Press
24. Taylor, Bernard W.〔1995〕Introduction to MANAGEMENT SCIENCE 5TH, USA：Prentice Hall
25. 土屋嘉雄〔2008〕「有訓無訓；波騒は世の常なりき慌てず騒がず我が道を」『日経ビジネス』：2008/10/20　p.1　日経 BP 社
26. 和合肇〔2005〕『ベイズ計量統計学』東洋経済新報社
27. 渡部洋〔1999〕『ベイズ統計学入門』福村出版
28. 山口操〔1995〕『機会概念の展開』慶應経営論集　第 12 巻第 3 号
29. 吉越浩一郎〔2007a〕『残業ゼロの仕事術』日本能率協会マネジメントセンター
30. 吉越浩一郎〔2007b〕『デッドライン仕事術』祥伝社

《参考サイト》
1. BPR-I(Brain Progressive Reinforcement-Index)；機会利益測定技術：http://www.kpci.jp/2008/09/bpribrain_progressive_reinforc.html
2. がんばるタイム：http://www.triumphjapan.com/company/enkaku.html
3. ニューファクトリー開発協会：http://www.nfkk.or.jp/oait.html
4. Pro HPT Development；病院経営の医業費用構造を改革する：http://www.kpci.jp/2008/11/pro_hpt_development.html
5. ロイター：http://jp.reuters.com/
6. @IT情報マネジメント「事例から学ぶITILとIT全般統制」：http://www.atmarkit.co.jp/ad/sflash/0807itil/nri/im080705.html

《参考テレビ番組》
1. 真相報道　バンキシャ！（2008年6月22日、日曜日放送）

《登録商標》
1. K-SWOT®は、カタナ・パフォーマンス・コンサルティング株式会社の日本における登録商標です。
2. HPT（Human Performance Technology）®は、カタナ・パフォーマンス・コンサルティング株式会社の日本における登録商標です。
3. Human Productivity Technology™は、カタナ・パフォーマンス・コンサルティング株式会社の日本における登録商標出願中です。
4. Standard Time型業務（S型業務）®は、カタナ・パフォーマンス・コンサルティング株式会社の日本における登録商標です。
5. Target Time型業務（T型業務）®は、カタナ・パフォーマンス・コンサルティング株式会社の日本における登録商標です。

索　引

あ行

ROI　37
RPT（required preset time）　120
IE　37
IT（information technology）化　19
アイドルタイム　54
iPhone　158
Analytics　20
ありたい姿　62
ERP（enterprise resource planning）
　　　　　　　　　　　　　20
EOS　37
忙しい　55
５つの「観」　26
入れ替えの原則（R；re-arrange）
　　　　　　　　　　　　　123
SCA（sustainable competitive
　　　　　　　　　advantage）　7
エフィシエンシー　62
OA（office automation）化　19

か行

改善提案制度　48
改善４原則　98
外的要因　40
科学的統計データ　51
活動プロセス　29
活用アイデアプール　141
考える　159
簡素化の原則（S；simplify）　124

観測項目コード　78
がんばるタイム　96
機会損失　67
機会利益　60
企業価値　26
企業ビジョン　24
危険率　82
機能別組織　68
基本機能業務　75
キャリアビジョン　24
QC（quality control）サークル　48
QWL　48
競争優位性　7
共通言語　56
業務量　54
具体的行動　30
計画的業務　77
経済成果　21
経費削減　35
K-SWOT®　28
結合の原則（C；combine）　122
効果性　40
工数削減　146
肯定的未来図　24
行動規範　26
効率性　40、52
ゴーイング・コンサーン　14、25
ゴール　27
コストメーカー　17
５Ｗ１Ｈ　122
コミュニケーション　56

164

索　引

──────── さ 行 ────────

最頻値（M；mode）　117
削減　53
三種の神器　25
サンプル　82
CA（competitive advantage）　7
事業部別組織　68
持続的競争優位性　7
実益　62
実益可能性利益　116
人員低減　146
人件費　33
人材活用委員会　54,138
人材活用方針　140
信頼度　82
ステークホルダー　14
ストラテジー　28
正規分布表　82
生起率　82
生産性　31
生産性向上推進室　136
創造業務　77
相対誤差　82

──────── た 行 ────────

Target Time 型業務（T型業務）®　102
タスクプロファイル　116
WC（work count；業務処理頻度／単位）
　　　　　　　　　　　　　117
WU（work unit；業務処理時間／単位）
　　　　　　　　　　　　　117
長時間労働　149

低減　53
定例業務　76
適材適正適所適数　114
テクノロジー　41、42
デッドライン　65
突発的業務　77

──────── は 行 ────────

Per HPT（Human Performance
　　　　　　Technology）®　41
排除の原則（E；eliminate）　122
パフォーマンス　42
パレート分析　106
判断業務　76
BI（business intelligence）　20
BPR-I　90
BPO（business process outsourcing）
　　　　　　　　　　　　　6
悲観値（P；pessimistic）　117
ビジネスワードアンケート　102
ビッグピクチャー　24
ヒト＜モノ＜カネ　35
ヒューマン　41,42
ファンクション　29
VE　37
ブルーステージ　131
プレイング・マネジャー　153
ブレーンストーミング　126
Pro HPT（Human Productivity
　　　　　　Technology）™　41
プロセス　61
プロダクティビティ　41
プロフィットクリエーター　17

165

ベア（base up） 25
補助機能業務 75

――――― ま行 ―――――
マトリクス組織 68
ミッション 26
無駄 63
モジュール 67

――――― や・ら・わ行 ―――――
役割 30
楽観値（O；optimistic） 117
ランダム時刻表 83
ランチェスターの法則 44
レッドステージ 129
ワークサンプリング 66
ワクワク 157

著者紹介

坂本　裕司 (さかもと　ゆうじ)

1973年奈良市生まれ。甲南大学経済学部経済学科卒業後、鐘紡株式会社（現；クラシエHD株式会社）入社(1996)。英国ノッティンガム大学経営大学院へ自費留学、修士課程修了：MBA(2001)。帰国後、独立系コンサルティング会社コンサルタントを経て、2003年に独立、現在に至る。
現在、カタナ・パフォーマンス・コンサルティング株式会社（KPCI）取締役。専門は、W HPT (Human Performance & Productivity Technology)。「生産性＝効果性×効率性」と定義し、知識労働従事者であるホワイトカラーを対象にした"効果性"向上マネジメント技術；Per HPT (Human Performance Technology)®、及び、"効率性"向上マネジメント技術；Pro HPT (Human Productivity Technology)™を開発し、ホワイトカラーの生産性向上に関するマネジメント・コンサルティング活動、並びに、マネジメント担当者の育成活動を、国内、欧米、アジアを中心に展開。
ISPI (International Society for Performance Improvement,：米国本部：ホワイトカラー生産性向上研究団体：1962設立）の日本支部プレジデントも務める。

ご質問やお問い合わせは、info@kpci.jp まで。
カタナ・パフォーマンス・コンサルティング株式会社；http://www.kpci.jp
ISPI 日本支部；http://www.ispi-japan.com

主要著書・訳書・寄稿

『メンタリングの奇跡』PHP研究所〔2003〕。『ホワイトカラーの生産性を飛躍的に高めるマネジメント；HPT®の実践マニュアル』産業能率大学出版部〔2007〕。『人材教育』(JMAM)、『人事マネジメント』(ビジネスパブリッシング)、『ビズテリア経営企画』(ビズテリア)、『病院経営』(産労総合研究所) など。

戦略的営業利益マネジメント
────コストをかけずにホワイトカラーの生産性を向上させる────　　　〈検印廃止〉

著　者	坂本　裕司	©YUUJI SAKAMOTO, Printed in Japan 2008.
発行者	萩原　敏郎	
発行所	産業能率大学出版部	
	東京都世田谷区等々力6-39-15　〒158-8630	
	（電話）03(6266)2400	
	（FAX）03(3211)1400	
	（振替口座）00100-2-112912	

2008年11月30日　初版1刷発行

印刷所／渡辺印刷　製本／協栄製本

（落丁・乱丁本はお取り替えいたします）　　　ISBN978-4-382-05600-8
無断転載禁止